cheval
SPECTACLE

Ouvrage créé par Losange

Coordination éditoriale
Sophie Jutier, Myriam Malterre

Maquette
Jean-François Laurent

Gravure
Stéphanie Henry, Véronique Janvier,
Chantal Mialon

ISBN : 2-84550-126-9
N° d'éditeur : 84550
Dépôt légal : septembre 2002

Achevé d'imprimer : août 2002
Imprimé en Italie par G. Canale & C.

cheval SPECTACLE

Frédéric CHÉHU

éditions proxima

Sommaire

Avant-propos

Une fois n'est pas coutume ; les Français sont unanimement reconnus comme les grands spécialistes du spectacle équestre. Dans toute l'Europe, chaque grande manifestation organisée autour du cheval se doit d'avoir au moins un ou deux Français à son programme. Les grands concours hippiques d'Allemagne, des Pays-Bas ou de Belgique font régulièrement venir nos petits Provençaux en guise d'animation. Les salons géants que sont Equitana, outre-Rhin, ou la Fiera Cavalli, en Italie, mettent quasi systématiquement nos compatriotes en haut de l'affiche de leurs soirées.

Nos premiers ambassadeurs furent le cascadeur Mario Luraschi et le transfuge du cirque Lucien Gruss. Aujourd'hui, les « frenchies » les plus internationaux se nomment Lorenzo, les frères Pignon ou Bruno Boisliveau.

À un autre niveau et à une autre échelle, le Théâtre équestre Zingaro contribue également au rayonnement de la France équestre à l'étranger. Bartabas est le seul artiste à effectuer un véritable travail de metteur en scène et de chorégraphe avec le cheval comme acteur principal. Les spectacles qu'il monte sont aussi complets que créatifs et originaux. Ceci explique le succès de la troupe, non seulement en France, mais aussi aux États-Unis, au Canada, en Russie, en Belgique ou en Espagne...

L'ouverture en 2003 d'une académie de spectacle équestre dans le cadre du château de Versailles, dirigée par Bartabas, devrait également contribuer au rayonnement de la France équestre à l'étranger. À Versailles, le propos ne sera pas d'entretenir un corps de ballet équestre de prestige, comme le Cadre noir de Saumur, mais de former des professionnels du spectacle équestre, ouverts à toutes les facettes du monde artistique...

Revenons à Saumur. Le Cadre noir : à la fois formation de prestige, école de formation pour les enseignants des sports équestres et réservoir de compétiteurs de haut niveau. Il a lui aussi une renommée mondiale. Les « noirs », ainsi qu'on les nomme parfois, organisent tous les ans des galas à l'étranger qui les ont menés, au Japon, en Chine, aux États-Unis, etc.

À Paris, la Garde républicaine est une autre formation de prestige, dont l'uniforme est célèbre dans le monde entier. N'est-ce pas le régiment dont l'image marque le plus le défilé du 14 Juillet, sur les Champs-Élysées ?

Dans le monde itinérant du cirque, la famille Gruss, originaire d'Alsace, fait partie des grandes dynasties de la piste, au même titre que les Knie, en Suisse, ou les Chesterfield en Angleterre.

Au cinéma, le cascadeur Mario Luraschi est devenu incontournable dès qu'il s'agit de régler une scène équestre. Même les Américains font appel à lui pour dresser Jolly Jumper, le cheval de Lucky Luke.

Du côté des parcs d'attraction, le Puy-du-Fou s'est également forgé une réputation de spécialiste mondial des arts équestres. Avec sa nouvelle attraction : le stadium gallo-romain, le parc vendéen se montre plus audacieux que ses riches homologues américains. Tous les jours, quatre chars romains s'affrontent dans une arène géante bâtie sur le modèle du célèbre cirque de Rome.

En tant que photographe indépendant ou comme directeur de rédaction de *Cheval Magazine*, j'ai eu l'occasion de rencontrer et de photographier tous ces artistes du cheval. Le livre que vous tenez entre les mains est né de la compilation des images produites au fil des ans. Il ne prétend pas à l'exhaustivité. Je n'ai, par exemple, pas eu l'opportunité de photographier le théâtre du Centaure, bien que le travail de cette troupe soit remarquable. Je n'avais presque pas non plus d'images de Zingaro, dans la mesure où Bartabas travaille en exclusivité avec son photographe attitré. C'est pour lui faire plaisir et pour mieux rendre compte de la diversité de ses créations que nous avons complété le chapitre qui lui est consacré avec des images qui ne sont pas de moi.

Le fil conducteur de ce livre a vraiment été le cheval, dans toutes les formes de spectacles auxquels il participe. Des écuyers les plus rigoureux aux enfants déguisés, nous n'avons écarté personne, du moment qu'il y avait cheval et spectacle !

Frédéric Chéhu

Académies d'art équestre, écoles de cavalerie et régiments montés

Les agents des haras nationaux en grande tenue lors d'une présentation au château de Versailles.

En vignette : Le Cadre noir également dans les allées de Versailles.

L'école espagnole de Vienne

C'est la dernière et la seule survivante des grandes académies d'art équestre apparues à la Renaissance. Rappelons succinctement que la haute école est apparue en Italie au XVIe siècle. La première grande académie d'art équestre fut celle de Naples. C'est là que furent rédigés par Grisone les premiers écrits sur la légèreté, le ramené, le piaffé ou le passage. Les grands maîtres de l'équitation classique que furent Pluvinel, puis La Guérinière, étaient les disciples de cette école napolitaine.

Page ci-contre : Appuyer au trot lors d'une présentation à Bordeaux.

En vignette : L'entrée en piste des écuyers, menés par Arthur Kottas-Heldenberg.

En Autriche, l'empereur Maximilien II remonta ses écuries avec des chevaux importés d'Espagne, d'où le nom de l'institution. Les premiers écrits évoquant l'école de Vienne à la Hofburg datent de 1572.

Rapidement, les guerres rendirent impossibles les communications avec l'Espagne et l'empereur dut fonder son propre élevage à Lipizza (dorénavant Lipica), dans l'actuelle Slovénie. Des reproducteurs espagnols, napolitains, danois, puis arabes furent utilisés pour forger la nouvelle race des lipizzans. L'histoire de l'école espagnole de Vienne est intimement liée à celle de ses chevaux blancs, lesquels faillirent disparaître à de nombreuses reprises dans la poudrière des Balkans. Les aventures de la race sont aussi nombreuses qu'épiques. C'est, par exemple, le général américain Patton qui sauva les lipizzans des Russes à la fin de la Seconde Guerre mondiale. Épopée dont Walt Disney tira le film *Les Chevaux blancs*. Récemment, les lipizzans croates furent menacés par les Serbes, et en 1983 ceux de Piber souffrirent d'une épidémie d'herpès virus.

Le manège d'hiver de l'école, construit dans l'enceinte du château au début du XVIIIe siècle, est reconnu comme le plus beau du monde. Il fut dessiné par l'architecte baroque Jean Bernard von Erlach, mais exécuté par son fils. L'esprit baroque a fortement marqué de son empreinte l'école espagnole. L'équitation pratiquée à Vienne est issue de l'école française telle qu'elle était enseignée aux écuries de Versailles, puis par La Guérinière. C'est entre autres Maximilien von Weyrother qui importa cet art de la haute école en Autriche, à la fin du XVIIIe siècle.

Norbert Tschautscher mène la reprise des écuyers dans le manège de la Hofburg, à Vienne.

Le terre à terre en main prépare la cabriole.

Traditionnellement, l'école achète et conserve toujours quelques lippizzans bai brun. Ici, l'un d'eux est présenté à la cabriole en main.

Appuyer au galop dans la diagonale.

Page ci-contre, en haut, à gauche : Arthur Kottas-Heldenberg, lors d'un saut d'école, toujours effectué sans étriers.

Norbert Tschautscher exécute une pesade sous l'œil d'Arthur Kottas-Heldenberg.

De nos jours, l'école espagnole de Vienne est un monument historique aussi prestigieux que notre tour Eiffel. La visite du manège de la Hofburg est un passage obligé pour tous les visiteurs de la capitale autrichienne. Le directeur de l'école est le vétérinaire Werner Pohl et le premier chef écuyer Arthur Kottas-Heldenberg. Les missions de l'école sont, dans l'ordre, de servir de conservatoire au dressage classique, de développer la race lipizzane, d'organiser des spectacles publics et de représenter l'Autriche dans le monde.

Les étudiants formés par cette institution sont recrutés à l'âge de seize ans, avant toute expérience équestre. Ils ne deviennent écuyers qu'après sept ans de compagnonnage au sein de l'école. Les apprentis portent une tenue de travail bleue, tandis que les écuyers sont vêtus d'un frac brun à queue de pie et à double rangée de boutons dorés. La culotte est en daim blanc et les bottes remontent au-dessus du genou vers l'avant. Enfin, le célèbre bicorne à galon doré et les gants blancs complètent l'uniforme.

Les chevaux proviennent tous du haras de Piber, lequel recourt parfois à des croisements avec les lipizzans des haras de Lipica en Slovénie, ou de Balbona en Hongrie. Ce haras est ouvert au public.

Les harnachements utilisés n'ont guère changé au cours des siècles. Les selles sont faites aux mesures de chaque cheval, en peau de daim blanche. Le travail quotidien est toujours effectué en filet simple. La bride aux cuirs dorés n'est utilisée qu'en représentation.

Ci-dessus, à droite :
Passage.
Pesade.

Ci-dessous :
Le salut des écuyers.

Le Cadre noir

LE CADRE NOIR
EST UN PEU À PART, AU SEIN
DES FORMATIONS MONTÉES
EUROPÉENNES. CE N'EST
PAS UNE ACADÉMIE, COMME
VIENNE, JEREZ OU LISBONNE,
ET COMME LE SERA
VERSAILLES. CE N'EST PAS
NON PLUS UN RÉGIMENT
DE GENDARMES À CHEVAL,
NI UNE POLICE MONTÉE.
C'EST UNE ÉCOLE
DE CAVALERIE, DEVENUE
ÉCOLE D'ÉQUITATION.

Le tricorne ou chapeau de manège est appelé « lampion ».

Lors du dernier spectacle du Cadre noir à Bercy, Jean-Jacques Boisson, le cavalier de complet, sautait des chaises et même un simple piquet, illustrant là l'esprit militaire et sportif de l'école.

La courbette, telle qu'elle est pratiquée à Saumur, ne comprend pas de petit saut sur les postérieurs, comme dans celle des autres académies. C'est en fait une simple cabrade.

Appuyer au trot.

La croupade est une énergique ruade exécutée par le cheval et déclenchée à la commande. C'est évidemment une figure qui avait son utilité en temps de guerre.

La première académie d'équitation française fut créée, en 1594, par Antoine de Pluvinel, qui avait été se former à Naples. Mais au cours des siècles suivants, ce sera l'académie de Versailles qui deviendra le temple français de l'équitation artistique. La Guérinière y fut formé, même s'il ouvrit sa propre école à Paris.

Au XVIe siècle, dans le cadre de l'université protestante fondée par Duplessis Mornay, une académie d'art équestre a fonctionné à Saumur sous la direction de Monsieur de Saint-Vual, l'écuyer personnel du jeune Louis XIII.

Mais c'est sous Louis XV que le duc de Choiseul crée l'école de cavalerie de Saumur, dans le cadre de la réorganisation totale de la cavalerie qu'il vient d'entreprendre. Cette école fermera pendant la Révolution pour ne rouvrir qu'en 1814. On y enseigne alors bien sûr l'équitation militaire, mais aussi les airs relevés. Le général L'Hotte, qui dirigea l'école de 1864 à 1870, lui donna un style qui allait rester le sien. Plus tard, la querelle du comte d'Aure (écuyer en chef de 1847 à 1855) avec François Baucher allait enrichir la doctrine de l'école.

C'est en 1972 que l'on décida de créer l'école nationale d'Équitation, dont le rôle consiste à former les enseignants français. Le Cadre noir s'installe alors en face de l'école d'application de l'arme blindée et de la cavalerie. En 1984, l'école déménage à Terrefort, à quatre kilomètres à l'ouest de Saumur, dans d'immenses installations uniques au monde : six manèges, dont le plus grand d'Europe, quinze carrières olympiques, cinq cents boxes, un hippodrome, un terrain de cross, etc.

À ce jour, les cavaliers du Cadre noir ne sont plus tous militaires. Ils exercent différentes missions, dont la conservation de l'équitation française à travers le Cadre noir, l'enseignement aux moniteurs et aux instructeurs d'équitation, mais aussi le dressage des chevaux, aussi bien pour le prestige, la formation ou la haute compétition.

Les membres du Cadre noir sont recrutés parmi les jeunes instructeurs d'équitation, formés à la compétition

Philippe Karl, à cheval
sur son lusitanien,
évoque l'art équestre
à l'époque des Lumières.

En 1983, le Cadre
noir a organisé
une présentation
dans les petites écuries
de Versailles, rendant
ainsi hommage
à l'académie qui
a fait la grandeur
de l'équitation française.

(aussi bien de saut d'obstacles que de complet ou de dressage). La féminisation du Cadre noir a commencé voici une quinzaine d'années avec l'embauche de Florence Labram et de Mireille Belot-François, puis a régressé. Fin 2001, l'école a de nouveau recruté deux femmes : Nadège Bourdon et Laurence Sautet. Elles sont donc aujourd'hui trois sur une quarantaine d'enseignants.

Les chevaux n'ont rien de baroque, excepté un ou deux ibériques utilisés en spectacle. Ce sont des chevaux de sport : selle français, pur-sang et anglo-arabes. La reprise des sauteurs est l'une des particularités de Saumur. Les chevaux harnachés de blanc y exécutent des courbettes (en fait des cabrades), des croupades et des cabrioles (plus classiques). Ils sont présentés tantôt en main, tantôt montés. Le cavalier, sans étriers, est maintenu dans une selle à piquer. La reprise de manège illustre davantage le travail classique de l'école. Les chevaux portent alors la selle française de daim blanc et sont nattés de rubans amarante.

Le Cadre noir a toujours organisé des présentations à l'école et lors de salons comme Avignon ou Paris. Mais, il faut le reconnaître, ces prestations étaient un peu austères et plutôt réservées à un public d'initiés. Depuis 1992, Jean-Claude Darmon, le businessman du football, a pris en charge l'organisation des spectacles du

La cabriole résulte de l'enchaînement quasi simultané d'une courbette et d'une croupade. Elle se prépare au terre à terre : une sorte de galop à bascule à deux temps.

Page ci-contre : Le colonel de La Porte du Theil, l'actuel « grand dieu » du Cadre noir, emmène la reprise de manège lors d'une présentation à Bercy.

L'orchestre Pasdeloup sert d'arrière-plan aux prestations des écuyers du Cadre noir dans un spectacle organisé par Jean-Claude Darmon.

Cadre noir à Paris. Il a fait appel à des chorégraphes et à des metteurs en scène et n'a pas hésité à associer les hommes en noir à des artistes comme Julia Migenes, Patrick Dupond ou Catherine Lara. Cet apport extérieur a permis aux spectacles du Cadre noir de conquérir un plus large public et depuis, cette formation nationale est, par exemple, allée se produire au Japon ou à Hong Kong...

L'école royale andalouse

Le manège de l'école a été construit dans le plus pur style andalou à côté du petit palais du duc d'Abrantes.

L'ÉCOLE D'ART ÉQUESTRE ANDALOUSE EST NÉE D'UNE INITIATIVE TOTALEMENT PRIVÉE, CELLE DE DON ALVARO DOMECQ Y DIAZ. CE RICHISSIME PROPRIÉTAIRE ET VITICULTEUR ANDALOU FUT EN SON TEMPS LE PLUS GRAND *REJONEADOR* D'ESPAGNE. IL SOUFFRAIT QUE L'ÉQUITATION ACADÉMIQUE SOIT ÉCLIPSÉE PAR LE DRESSAGE DE COMPÉTITION À L'ALLEMANDE ET QUE LE CHEVAL DE PURE RACE ESPAGNOLE NE SOIT PLUS CONSIDÉRÉ QUE COMME UNE « TROTTINETTE », À CÔTÉ DES CHEVAUX DE SAUT D'OBSTACLES.

PAGE CI-CONTRE :
Cette cabriole montée, devant le nouveau manège de l'école, est devenue l'une des icônes de Jerez.

Don Alvaro Domecq Diaz, dit Alvarito, le fils du créateur de l'école et pendant longtemps son maître de ballet, a été l'un des plus fameux *rejoneador* d'Espagne. Ci-dessus, il effectue une pesade devant le manège de l'école.

CI-DESSOUS : Dans les jardins de l'école, Ignacio Rambla exécute un pas espagnol, une pirouette au galop et un piaffer.

Alvarito Domecq présente l'un de ses chevaux à la cabriole en main.

Se rappelant que l'Espagne avait vu naître, voici cinq siècles, les premières règles de l'équitation académique, don Alvaro voulut créer une école semblable à celle de Vienne, en Autriche. Assisté de son fils, Alvarito, devenu à son tour un grand cavalier tauromachique, don Alvaro développa en 1973 sa propre académie dans sa propriété de Jerez, Los Albujeros. La cavalerie était entièrement issue de son élevage et les premiers maîtres d'art équestre furent recrutés parmi les élèves de Nuño Oliveira, au Portugal. Ces consultants se nommaient : Guillermo Borba, Felipe Graciosa et Nuño Oliveira lui-même.

Alvarito renonça alors à sa passion pour l'équitation tauromachique pour se consacrer à l'art ingrat du dressage. Cet homme, dont le seul nom suffisait à remplir les arènes du monde entier, accepta avec humilité de se remettre totalement en question pour devenir le nouveau guide de l'école naissante.

Pendant les douze années où l'école fut privée, elle se produisit dans divers pays dont l'Angleterre (Wembley) et l'Autriche (Vienne). En 1987, don Alvaro installa son académie au palais du duc d'Abrantes, afin de l'offrir au roi d'Espagne, don Juan Carlos Ier. L'institution prit alors le titre d'école royale d'art équestre. Alvarito continua à diriger la partie équestre de l'école et à veiller sur son académisme ainsi que sur l'aspect artistique du travail. C'est également lui qui a poussé et permis aux écuyers de l'école de s'illustrer sur les carrés de dressage internationaux. Aux Jeux olympiques de Barcelone (1992), les dresseurs espagnols étaient remontés sur des chevaux allemands. Aux Jeux suivants (Atlanta, 1996), deux chevaux de pure race espagnole de l'école (Evento et Invasor) s'illustraient brillamment sous la selle d'Ignacio Rambla et de Rafael Soto.

En 1997, sans doute lassé des conflits avec les fonctionnaires de l'école, Alvarito a donné sa démission, au grand dam de tous les écuyers.

À côté de l'équitation classique, l'école de Jerez pratique la doma vaquera. C'est une équitation particulière, qui prépare les chevaux et les cavaliers à travailler avec les taureaux. L'école compte aussi une section attelage équipée de voitures anciennes et de magnifiques harnais à pompons.

L'école se produit régulièrement à l'étranger dans un spectacle intitulé *Cómo Bailan los Caballos Andaluces* (Comment dansent les chevaux andalous). Les écuyers

PAGES SUIVANTES :
Cristina Ullate, la seule femme de l'école présente à Bercy, et Torbellino, au piaffer.

Manolo Ruiz présente Judio aux longues rênes. Le pas espagnol est un exercice très formateur qui n'est pourtant pas autorisé en compétition.

Courbette aux longues rênes dans le manège de l'école.

sont habillés de costumes andalous du XVIIe siècle : chapeau noir, chemise à jabot, bolero bleu à parement d'or et guêtre de cuir travaillé, portés sur des bas blancs.

Les chevaux sont tous de pure race espagnole, à l'exception des chevaux de doma vaquera, qui sont des anglo-ibériques. Les plus âgés proviennent de l'élevage Domecq et les plus récents de la jumenterie militaire *(yeguada militar)* et des élevages les plus prestigieux comme : Guardiola, Osborne, Bohorquez, Domecq Romero, Durán Gallardo, etc.

La musique est du plus haut niveau, puisque à Bercy, par exemple, c'était le pianiste virtuose Manolo Carrasco qui accompagnait les prestations des écuyers.

En haut :
Appuyers au trot,
en reprise.

Ci-contre :
Courbette montée.

L'école portugaise d'art équestre

Luis Valença présente une levade en main devant le palais de Queluz.

SI L'ON EXCEPTE L'ACADÉMIE DE SPECTACLE ÉQUESTRE DE VERSAILLES, DIRIGÉE PAR BARTABAS, QUI VERRA LE JOUR EN 2003, CETTE INSTITUTION EST LA PLUS RÉCENTE DES ÉCOLES D'ART ÉQUESTRE, PUISQU'ELLE NE FUT FONDÉE QU'EN 1979.

PAGE CI-CONTRE : Luis Valença, l'un des membres fondateurs de l'école et directeur d'une académie privée, présente son lusitanien crème à la cabriole.

Le palais de Queluz a été construit dans la seconde moitié du XVIIIe siècle, entre Lisbonne et Sintra, pour servir de résidence d'été à Don Juan de Carlos. Ce Palácio Nacional est souvent appelé le Versailles portugais. Les jardins sont de tradition française et le bâtiment est la dernière grande œuvre de prestige réalisée par la famille royale. Deux cavaliers de l'école exécutent une pesade devant le célèbre bâtiment.

Ce sont les élèves de Nuño Oliveira qui sont à l'origine de ce projet, avec à leur tête Guilherme Borba. Le maître n'a pas souhaité participer à cette aventure, qu'il s'est contenté de suivre de loin. Le projet est soutenu par le service des haras du ministère de l'Agriculture.

Cette nouvelle école prétend faire revivre la Picaria Real, l'académie d'équitation de la cour portugaise, laquelle a fermé au XIXe siècle. Le patrimoine équestre portugais est très important, notamment grâce à la pratique ininterrompue de la corrida à cheval ainsi qu'à la personnalité exceptionnelle de Nuño Oliveira. L'école portugaise connut son apogée au XVIIIe siècle, sous le roi Jean V, dans le cadre du manège royal de Lisbonne.

Faute d'un site à leur mesure, les écuyers de l'école portugaise ont commencé par travailler dans le grand club d'équitation de Lisbonne, à Campo Grande, non loin du centre-ville. Les présentations se sont toujours faites au palais de Queluz, à une dizaine de kilomètres de la capitale. Ce château de style baroque fut édifié au XVIIIe siècle pour le frère du roi Dom José Ier. Les jardins à la française, ornés de belles statues, évoquent ceux de Le Nôtre. C'est dans ce cadre magnifique que l'école s'est récemment fait construire de nouvelles écuries, en attendant mieux…

En haut, à droite :
Les alter-real de l'école sont naturellement doués pour les airs relevés, ici le piaffer.

Ci-contre :
Piaffer aux piliers, en main.

Tropicana

Piaffer devant les escaliers.

Page ci-contre : Levade à Lisbonne, lors du championnat de la race lusitanienne. Pour exécuter cette figure, le cheval se dresse sur ses postérieurs, lesquels restent cependant très fléchis : ce n'est donc pas un simple debout comme la cabrade.

Ci-dessous : Dans les jardins du château de Queluz, une carrière permet de recevoir les présentations de l'école.

Depuis de nombreuses années, les écuyers portugais caressent en effet le projet de réinvestir le manège de Bélem, qui abrite aujourd'hui le célèbre musée des attelages et des carrosses. Le ministère de la Culture a acheté voici plusieurs années déjà le bâtiment au ministère de la Guerre, mais le dossier avance lentement. Le jour où l'académie réintégrera son écrin d'origine, elle disposera d'une salle capable de rivaliser avec les manèges de Vienne ou de Versailles.

Les chevaux bais qu'utilisent les écuyers portugais sont des alter-real, des lusitaniens bais, légèrement arabisés, provenant de l'ancienne « Coudeleria Real » d'Alter do Chao. Ce haras royal, situé dans la vallée de Santarem, fut fondé en 1748 par le roi Dom João V. La race failli bien disparaître au début du XXe siècle, lorsque après la chute de la maison Bragance, le haras se mit à produire des chevaux de sport. Les deux derniers étalons furent heureusement rachetés et sauvés par le Dr Ruy d'Andrade, en 1938. Ce sont ces deux reproducteurs qui ont permis de sauver la race en 1942, lorsque le ministère de l'Économie prit la charge du haras d'Alter do Chao. Depuis, l'élevage est prospère et fournit l'école en magnifiques chevaux baroques. Ils font des montures brillantes, spectaculaires, au caractère fin et délicat. Ils sont en outre très doués pour le rassembler et les airs relevés. Un dressage d'au moins quatre ans est cependant nécessaire avant que les chevaux ne puissent intégrer le carrousel de l'école.

Les costumes ainsi que les harnachements ressemblent à ceux qui sont utilisés dans les corridas à cheval. Datant du XVIIIe siècle, ils se situent dans la tradition des écrits de Manuel Carlos d'Andrade, écuyer du manège royal et auteur en 1790 de l'ouvrage de référence au Portugal : *Luz da Liberal e Nobre Arte de Cavalaria.*

L'écuyer en chef de l'école est le Dr Filipe Graciosa, qui dirigeait précédemment le haras d'Alter do Chao. Il est assisté de cavaliers éminents, tous élèves de Nuño Oliveira, tels Don José d'Athayde, Joa Trigueiros d'Aragao ou Luis Valença Rodrigues.

Ce dernier est un célèbre marchand de chevaux qui compte parmi ses clients Bartabas, Luraschi ou le musée du cheval de Chantilly. Il dirige également un établissement qui organise des spectacles équestres et prépare les chevaux à vendre à la haute école.

La Garde républicaine

LA GARDE RÉPUBLICAINE N'EST NI UNE ACADÉMIE D'ART ÉQUESTRE, COMME VIENNE OU JEREZ, NI UNE ÉCOLE MILITAIRE, COMME SAUMUR. C'EST UN RÉGIMENT DE GENDARMERIE, QUI EST D'AILLEURS LE SEUL RÉGIMENT DE CAVALERIE DES ARMÉES FRANÇAISES. C'EST AUSSI LA PLUS GRANDE FORMATION MONTÉE AU MONDE. OUTRE LA FAMEUSE UNITÉ MONTÉE, LA GARDE RÉPUBLICAINE COMPTE AUSSI DEUX RÉGIMENTS D'INFANTERIE, DONT UN ESCADRON DE MOTARDS.

PAGE CI-CONTRE : Les deux timbaliers de la fanfare sont traditionnellement montés sur des chevaux gris.

La reprise des lances
aux Tuileries, à Paris.

Le régiment de cavalerie se décompose en trois escadrons, plus un escadron hors rang dont dépendent la fanfare, l'infirmerie vétérinaire et le centre de formation. Le premier escadron ne compte que des chevaux alezans, le deuxième que des bais et le troisième seulement des bai brun. En tout, ce sont plus de cinq cents chevaux qui se répartissent entre la caserne des Célestins, à côté de la Bastille à Paris, le quartier Carnot à Vincennes et le centre d'instruction et de débourrage de Saint-Germain-en-Laye.

La première mission de la Garde consiste à assurer la protection des plus hautes autorités de l'État et à rendre les honneurs. C'est dans ce cadre qu'ils escortent souvent dans Paris le président de la République ou les chefs d'État étrangers. La Garde remplit aussi des missions de gendarmerie à cheval. Elle assure par exemple la surveillance des forêts de Fontainebleau, de Rambouillet, de Chambord, de Chantilly, de L'Îsle-Adam, etc.

La Garde républicaine, sous sa forme actuelle, date de la révolution de 1848. Elle est toutefois l'héritière de nombreuses formations militaires destinées à protéger le roi, le chef de l'État ou les citoyens. Déjà sous Saint Louis, le guet royal veillait au maintien de l'ordre dans la capitale. Au moment de la Révolution, le régiment chargé de cette mission était appelé la Garde de Paris. Le nom définitif de Garde républicaine ne date que de 1978.

Les chevaux sont presque tous de race selle français. Ils sont achetés à 3 ans et doivent toiser plus de 1,65 m au garrot. Ce sont le plus souvent des hongres.

Depuis l'an 2000, la cavalerie s'est ouverte aux femmes, et c'est même la première d'entre elles à avoir intégré le régiment qui dirige le centre d'instruction de Saint-Germain. Elles ne sont cependant encore que trois, sur un peu moins de six cents militaires à cheval.

Dans le cadre de ses missions de prestige, la Garde républicaine organise et participe à divers spectacles équestres.

Pages précédentes : Une semaine par an, la Garde quitte les pavés parisiens pour s'entraîner une semaine en forêt et tester ses jeunes chevaux dans un cadre différent. En 2002, la Garde a bivouaqué à Dinard, dans le département des Côtes-d'Armor, et a effectué la traditionnelle charge, sabre au clair, qui conclut ce déplacement, sur la plage du Sillon à Saint-Malo.

La maison du Roy est une reprise en costume Louis XV, perruques et tricorne emplumé, présentée au son des hautbois et des tambours. Six gardes arborent une redingote rouge à parement doré (l'uniforme de la garde ordinaire du Roy) et six autres une redingote bleue et argent (l'uniforme de la Garde de Paris, sous Louis XV).

Le carrousel des lances est une présentation de trente-trois cavaliers en uniforme de parade, avec le casque à crinière et armés d'une lance ornée d'un fanion. Les figures comprennent divers croisements, un escargot et une charge au galop. La musique est assurée par la fanfare de la Garde.

La reprise des tandems s'inspire du travail aux longues rênes préconisé par Pluvinel. Huit gardes évoluent montés, chacun étant précédé d'un cheval en flèche, juste retenu et dirigé par les longues guides...

Le défilé du 14 Juillet est évidemment la plus médiatique des prestations de la Garde. Les deux cent quatre-vingts chevaux et gardes en grande tenue (baudrier et culotte blanche) encadrent la voiture du président le temps de la descente des Champs-Élysées.

La fanfare de la Garde, qui compte quelque trois cents musiciens, possède une formation à cheval de quarante musiciens. Tous les chevaux sont alezans, sauf ceux des deux timbaliers, qui sont gris.

Les cavaliers de compétitions de la Garde organisent également des présentations lors d'événements comme Cheval Passion ou le Salon du cheval de Paris. Enfin, début juin, un week-end porte ouverte donne l'occasion de présenter le régiment.

La reprise de la Garde à Vaux-le-Vicomte, lors d'un concours d'attelage.

La reprise de *La maison du Roy* devant le château de Versailles, à l'occasion du bicentenaire de la Révolution.

ESPIRITO

Régiments étrangers et polices montées

À L'ÉTRANGER, ON COMPTE AUSSI QUELQUES RÉGIMENTS DE PRESTIGE COMME LES FAMEUX HORSE GUARDS ANGLAIS. QUI NE CONNAÎT PAS NON PLUS LE CÉLÈBRE UNIFORME ROUGE DE LA POLICE MONTÉE CANADIENNE ? CES PAGES RASSEMBLENT DE MANIÈRE ÉCLECTIQUE LES IMAGES DE CES FORMATIONS MONTÉES ÉTRANGÈRES QUE NOS DÉPLACEMENTS NOUS ONT PERMIS DE COLLECTER...

PAGE CI-CONTRE :
La Garde portugaise à Lisbonne pendant les championnats de la race lusitanienne.

Les *carabinieri* de Rome défilant, puis chargeant, avant la célèbre course du Palio à Sienne, en Italie.

Concours de *fantasias*, organisé par le roi du Maroc à Meknès.

Ci-dessous et pages suivantes : Royal Horse Guards britanniques, lors du Royal Windsor Horse Show.

Garde algérien
à cheval.

Garde portugais
et faucon.

La police montée belge,
lors de l'animation
d'un concours hippique.

La police montée
canadienne lors
d'un carrousel
au concours
d'Aix-la-Chapelle,
en Allemagne.

Les haras nationaux

LES HARAS NATIONAUX SONT UNE ÉNORME INSTITUTION QUI DATE DE COLBERT ET DÉPEND AUJOURD'HUI DU MINISTÈRE DE L'AGRICULTURE. ELLE EST NÉE EN 1665, SOUS LOUIS XIV, A DISPARU LORS DE LA RÉVOLUTION, PUIS A ÉTÉ RÉTABLIE PAR NAPOLÉON EN 1806.

PAGE CI-CONTRE : Au haras du Pin, surnommé le Versailles du cheval, des présentations ont lieu à la belle saison tous les jeudis après-midi.

Une présentation exceptionnelle des attelages des haras dans les jardins du château de Versailles.

Le rôle premier de cet organisme consiste à entretenir des étalons et à les proposer aux particuliers, comme un service public. Dans ce cadre, ils s'efforcent de sauvegarder toutes les races françaises, et notamment celles de trait. Ce sont également les haras nationaux qui identifient tous les équidés de France et gèrent la base de données SIRE, qui les répertorient et éditent leurs papiers. Enfin, cette administration essaye de rendre service aux éleveurs de chevaux et de faciliter leur travail en créant des structures et des événements propices à la mise en valeur des animaux à vendre. Bref, les haras jouent un rôle de coordinateur et de fédérateur auprès des différents acteurs du milieu équestre, près desquels ils se placent à la fois en tant qu'experts et en tant que représentants de l'administration.

Les haras nationaux constituent également un inestimable patrimoine immobilier et mobilier. Les vingt-trois dépôts qui accueillent les étalons l'hiver sont souvent des chefs-d'œuvre architecturaux. Presque tous entretiennent des collections de voitures anciennes et leurs harnais. L'été, ils proposent fréquemment des

manifestations et des spectacles dans la cour d'honneur du dépôt. Certains haras, comme ceux de Saint-Lô ou de Lamballe, ont même développé de véritables pôles équestres, capables d'accueillir différentes manifestations.

Les haras organisent aussi eux-mêmes, ou prennent l'initiative de certains grands événements nationaux comme la Route du poisson, le Concours inter-haras, le Festival du haras du Pin, le Mondial du percheron, Equinox, etc. Ils participent enfin régulièrement à la plupart des salons et des spectacles équestres. Lors du Salon du cheval, ils défilent par exemple tous les ans en attelage dans Paris, le dimanche matin.

La plupart de ces exhibitions mettent en avant les neuf races de chevaux de trait (l'ardennais, l'auxois, le boulonnais, le breton, le cob normand, le comtois, le mulassier, le percheron et le trait du nord), pour lesquelles on cherche d'autres débouchés que la boucherie. L'attelage est également la discipline fétiche de l'administration inventée par Colbert. Elle possède, entre autres, de magnifiques squelettes d'exercice, des tilburys, des wagonnettes, des dog-carts, des omnibus, des phaétons, etc. Toutes ces voitures (surtout, ne dites jamais « charrettes ») sont aux couleurs des haras nationaux : bleu roi rechampi de filets rouge vif.

Lors des présentations, les gardes, que l'on nomme désormais agents techniques, revêtent la veste rouge et le pantalon blanc. La plupart sont aussi d'excellents cavaliers, qui n'hésitent pas à présenter les étalons du service public, montés et même en tandem.

En 2002, les haras ont présenté pour la première fois la reprise des amazones du personnel féminin. Le métier d'agent technique des haras n'est ouvert au beau sexe que depuis 1996.

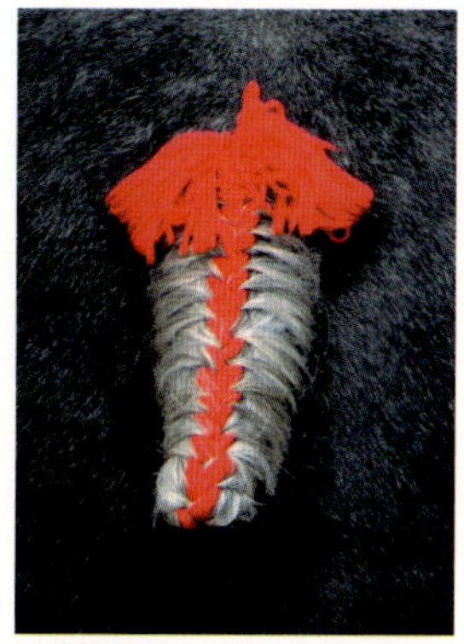

Cette image de la queue d'un cheval de trait amputée est en passe de disparaître grâce au passage de Philippe Vasseur au ministère de l'Agriculture.

La présentation des étalons en main constitue déjà un spectacle... Ici un pur-sang arabe au haras de Compiègne.

Page ci-contre :
Queues de renard
sur le chanfrein
de chevaux comtois.

Photo en haut, à gauche :
La reprise des attelages
au haras de Lamballe.

Photo en bas, à gauche :
Retour d'un attelage
de quatre percherons
après une présentation
sur l'hippodrome du Pin.

Ci-dessous :
Les attelages des haras
du Pin, lors du Festival
du cheval.

Les attelages des haras
sur les quais parisiens,
lors du traditionnel défilé
organisé durant le Salon
du cheval.

H

Le Théâtre équestre Zingaro

Le carrousel
de la *Symphonie
de psaumes.*

Bartabas : un succès inégalé dans le monde du cheval

En quinze ans de créations, le Théâtre équestre Zingaro est devenu un véritable monument du spectacle équestre. Son succès est sans aucune mesure avec celui des autres acteurs du milieu du cheval

Page ci-contre : Dans *Le Sacre du printemps,* les danseurs sont en fait des lutteurs de kalaripayat venus d'Inde.

Le succès du Théâtre équestre Zingaro est dû à son ouverture d'esprit et à sa créativité. Dès le début, Zingaro a réuni autour de l'art équestre d'autres arts tels que la danse, la musique ou les arts martiaux.

Bartabas, le créateur de Zingaro, ne se contente pas d'enchaîner des tableaux équestres, il se fait metteur en scène, décorateur et chorégraphe pour monter des spectacles qui brillent par leur originalité et leur cohérence. Chez lui, le cheval devient acteur au plein sens du terme ; parfois en totale liberté, l'animal séduit par sa grâce et sa majesté.

On ne sait presque rien de cet homme étrange qu'est Bartabas. Il n'aime guère parler de lui et même l'origine de son pseudonyme reste inconnue.

Après avoir créé deux compagnies, le cirque Aligre et le Théâtre emporté, il fonde le Théâtre équestre Zingaro, du nom de son frison aujourd'hui décédé, mentor du théâtre. Le premier opus de Bartabas, *Cabaret équestre,* a débuté sous un petit chapiteau installé sur un terrain vague. En guise d'antichambre, Bartabas utilisait son van deux places. On montait dans le camion par le pont pour en redescendre sur le côté par la petite porte latérale. On débouchait alors dans l'univers très personnel de Zingaro. Un troupeau d'oies, au port de tête aussi altier que celui des chevaux,

Pour *Chimère,* Bartabas
transforme la piste
à la fois en miroir
et en gué à la ronde
des artistes.

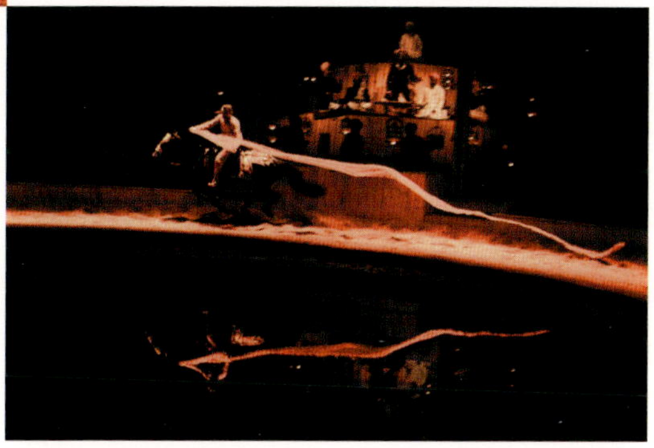

Éclipse : spectacle
tout en noir et blanc
dessinant le pays
de la non-couleur.

Trois jeunes lusitaniens cremello dansent librement autour d'un totem humain.

accueillait le public depuis le centre de la piste. Des serveurs-artistes énergiques contraignaient le public à s'asseoir et leur offraient du vin chaud en attendant le début du spectacle. L'encens, l'atmosphère tzigane, la petite caravane installée sous le chapiteau en guise de loge contribuaient à dépayser le citadin.

Bartabas s'était déjà construit un personnage aussi énigmatique qu'inquiétant. Il « agressait » volontiers ses spectateurs avec des mines patibulaires, renforcées par ses longs favoris et ses vêtements noirs... Le public en redemandait. Zingaro, l'étalon noir, dansait avec le maître des lieux, rivalisant d'agressivité avec lui. Le matamore se faisait centaure et prenait le frison comme parangon de noirceur. Il rugissait, l'animal le mordait. Parfois, le fier-à-bras se boulait entre les jambes du titan d'ébène...

Cabaret équestre connaîtra trois versions de 1984 à 1990. La dernière inaugurera le chapiteau en bois construit par Patrick Bouchain pour Zingaro, à deux pas du fort d'Aubervilliers. Là, dans les banlieues déshéritées du nord de Paris, viendra un public d'abord parisien, puis très vite international et issu de toutes les classes sociales.

Aujourd'hui, l'antichambre n'est plus un simple van, mais une magnifique halle en bois qui sert à la fois de salle d'exposition et de restaurant. Toujours malmené

Pour *Triptyk*, Bartabas a transformé sa piste en un monticule de terre ocre que les artistes escaladent ou contournent selon les tableaux.

Page ci-contre : Le danseur noir évolue dans les airs entre les statues inachevées et les statues vivantes.

par les Zingaros (qui veut dire tziganes en italien), le public est dirigé au pied du grand escalier qui mène au théâtre. Tenu en respect par un bateleur aux allures de majordome anglais, le public n'accède que par petits groupes aux mezzanines qui surplombent les écuries. Les spectateurs défilent ainsi au-dessus des loges des principaux artistes du spectacle avant de pénétrer dans l'amphithéâtre.

Chez Zingaro, la piste est ronde mais plus grande que celle d'un cirque. Bartabas l'aménage selon les besoins de ses spectacles. Pour *Chimère*, il en fait une piste d'eau qui sert à la fois de miroir et de gué à la ronde des artistes. Pour *Éclipse*, les copeaux de l'arène se muent en plage de sable blanc, et pour *Triptyk*, c'est sur une terre rouge ocre que les hommes et les chevaux laissent leurs traces.

Quatre créations ont pour l'instant vu le jour à Aubervilliers.

Opéra équestre fut en 1991 la première création incorporant pleinement la musique, celle des chants berbères et géorgiens. Quixotte, le beau bai-brun, y présentait déjà son galop arrière.

Chimère (1994-1996) fut sans doute, grâce à la présence de l'eau, la plus graphique des mises en scènes de Bartabas. Plus de 400 000 spectateurs ont vu le spectacle, aussi bien en Europe qu'aux États-Unis. Des musiciens et des chanteurs venus du nord de l'Inde, plus précisément du Rajasthan, donnaient toute sa saveur à cette danse de l'eau.

Éclipse (1997-1999), spectacle tout en noir et blanc, nous transporta musicalement parlant en Corée, à l'écoute du chant P'ansori et du Shinawi. Une femme à la voix cassée, marque suprême du chanteur de P'ansori, dominait l'orchestre et la piste, telle une reine. Des cavaliers et des danseurs noirs ou blancs portent des costumes tout en subtilité : Bartabas a dessiné le tracé du pays de la non-couleur. *Éclipse* est peut-être l'œuvre la plus élégante et la plus raffinée de Bartabas.

Triptyk, la dernière création du maître des lieux, nous ramène à la terre pour nous élever vers le ciel. Pour la première fois, Bartabas va se confronter à des pièces musicales enregistrées : *Le Sacre du printemps* et la *Symphonie de psaumes*, d'Igor Stravinsky, ainsi que le *Dialogue de l'ombre double*, de Pierre Boulez.

Le spectacle commence par *Le Sacre du printemps*, visualisé à travers une fête païenne au cours de laquelle des hommes à pied venus du fond des âges rencontrent des hommes à cheval. Agiles comme des chats, de jeunes indiens, maîtres du kalaripayatt, un art martial du sud de l'Inde, évoluent au milieu des cavaliers tatoués tels des Maoris. Un trio de poulains lusitaniens nous offre un grand moment d'émotion autour d'un totem composé d'une grappe humaine. Bartabas utilise

PAGE CI-CONTRE :
La danseuse complète les sculptures inachevées de Jean-Louis Sauvat.

Bartabas, toujours de noir vêtu, clos le spectacle par un majestueux piaffer.

l'animalité et la grâce des combattants indiens pour développer un ballet entre équidés et hommes primitifs, tout empreint de sensualité. Vient ensuite le mariage d'un couple de danseurs et des sculptures de chevaux de Jean-Louis Sauvat... La troisième partie, sur la *Symphonie de psaumes,* laisse notre esprit s'envoler sur un carrousel méditatif.

En 2003, Bartabas relèvera un double défi : la nouvelle création du Théâtre équestre Zingaro et l'ouverture aux Grandes écuries du château de Versailles de l'Académie du Spectacle équestre.

Le cirque

Lucien Gruss dans un numéro au cirque Arlette Gruss.

En vignette : Le cirque Alexis Gruss.

Alexis Gruss junior

ALEXIS EST LE PLUS CONNU
DES GRUSS. DEPUIS 1974,
IL EST LE DIRECTEUR
DU CIRQUE À L'ANCIENNE
QUI PORTE SON NOM, LEQUEL
A ÉTÉ RECONNU CIRQUE
NATIONAL PAR LE MINISTÈRE
DE LA CULTURE EN 1981.

PAGE CI-CONTRE :
Stéphan Gruss,
l'un des fils d'Alexis
Gruss junior, dans
un numéro de voltige
avec sa sœur, Maud.

Maud Gruss dans
un éblouissant numéro
de jockey, avec Atlas,
le percheron.

La poste, le numéro
inventé par Andrew
Ducrow en 1827,
ici repris par Maud Gruss
avec onze chevaux...

Alexis longe le trio
de chevaux qui portent
sa femme, sa fille
et sa belle-fille...

Grâce à Alexis Gruss, les Français se souviennent que le cirque est né autour de numéros équestres mis au point voilà deux siècles par l'Anglais Philippe Astley. La fameuse piste ronde de treize mètres de diamètre, au sol recouvert de sciure, est née des besoins des voltigeurs à cheval. Lorsqu'ils sont lancés au grand galop sur un tel cercle, la force centrifuge permet en effet aux acrobates équestres de rester en équilibre, debout sur la croupe de leurs montures.

Le monde du cirque compte trois types de numéros équestres : la voltige sur le cercle, les numéros de chevaux en liberté (en fait enrênés) et les exercices de haute école montés. Lorsqu'il était jeune, Alexis Gruss junior était avec son frère Patrick un spécialiste des acrobaties à cheval. Leur numéro du jockey d'Epson, par exemple, n'a pas été égalé depuis.

La Belle Époque est une grande source d'inspiration pour le monde du cirque.

Au cirque à l'ancienne, Alexis dresse aussi bien les falabellas que les arabes, les lusitaniens ou les frisons...

Alexis et son frère Patrick dans le numéro du miroir.

Patrick Gruss et le cheval savant.

Dans le cadre du cirque à l'ancienne, Alexis junior s'est initié à la spécialité de son oncle (Alexis senior), la présentation de chevaux en liberté, ainsi qu'au travail de haute école monté. Il est devenu l'un des plus brillants « maître-écuyer » du monde du cirque. En 2001, il a reçu la récompense suprême du Clown d'Or au Festival international du cirque de Monte-Carlo. Cette distinction n'était pas revenue à un artiste français depuis 1975, année au cours de laquelle Alexis Gruss senior, son oncle, avait remporté la palme de la deuxième édition du festival.

Les enfants d'Alexis junior, et depuis peu ses petits-enfants, constituent le gros de la troupe du cirque à l'ancienne. Stephan, son aîné, a su combiner le jonglage, la spécialité de sa mère (Gipsy, née Bouglione), avec l'acrobatie équestre, héritée de son père. Son extraordinaire numéro de jonglage à cheval a été récompensé d'un Clown d'Argent au Festival international du cirque de Monte-Carlo, en 1998.

Stéphan Gruss combine le talent de voltigeur de son père à celui de jongleur de sa mère. Ce numéro lui a valu un Clown d'Argent au Festival international du cirque de Monte-Carlo, en 1998.

Firmin, le second fils, est tenté par une carrière de clown semblable à celle de son grand-père, ce qui ne l'empêche pas de participer brillamment aux numéros d'acrobatie à cheval...

Maud, la petite dernière, a repris à son compte le numéro de poste créé par Andrew Ducrow en 1827. C'est un véritable tour de force, car l'exercice consiste à rester debout sur la croupe de deux chevaux tandis que neuf autres passent entre les jambes de l'artiste.

Dans les écuries du cirque à l'ancienne, l'on rencontre différentes races de chevaux : des frisons néerlandais, des akhal téké russes, des lusitaniens portugais, mais aussi des chevaux de trait et des poneys falabella...

À la belle saison, les « équestriens », ainsi baptisés par Alexis, prennent leurs quartiers d'été au château de Piolenc, à Orange, dans le Vaucluse.

Alexis Gruss junior a progressivement repris les numéros de liberté de son oncle, Alexis Gruss senior.

La famille Gruss

C'est sous Napoléon III que le tailleur de pierre alsacien André-Charles Gruss fonda la dynastie qui allait porter son nom. C'est par son mariage avec la belle danseuse de corde Maria Martinetti que le patriarche est entré dans le monde du cirque. Leur fils, Armand, allait épouser à son tour la fille du directeur du cirque Ricono, spécialisé dans les numéros équestres. Armand Gruss et Céleste Ricono eurent deux fils : André et Alexis. Le premier, père d'Alexis Gruss junior, de Patrick et de Martine, fit une brillante carrière d'Auguste, tandis que le second devint le plus grand dresseur de chevaux en liberté. Arlette et Lucien sont deux des enfants d'Alexis senior, l'écuyer.

La famille Gruss a connu un incroyable succès dans les années 1950, lorsque les jeux radiophoniques s'associèrent aux jeux du cirque. Ils connurent successivement le cirque Gruss-Jeannet, puis le Grand Cirque de France, parrainé par la RTF.

Le cirque étant un peu passé de mode, la famille se disloqua. Alexis junior rencontra alors l'actrice Sylvia Montfort, qui dirigeait un théâtre au Carré Thorigny, laquelle l'aida à créer une école du cirque et un cirque traditionnel, à l'ancienne...

Pages suivantes, à gauche :
Stéphan à ses débuts de jongleur à cheval ;
à droite :
Alexis et ses lusitaniens en bonnets phrygiens.

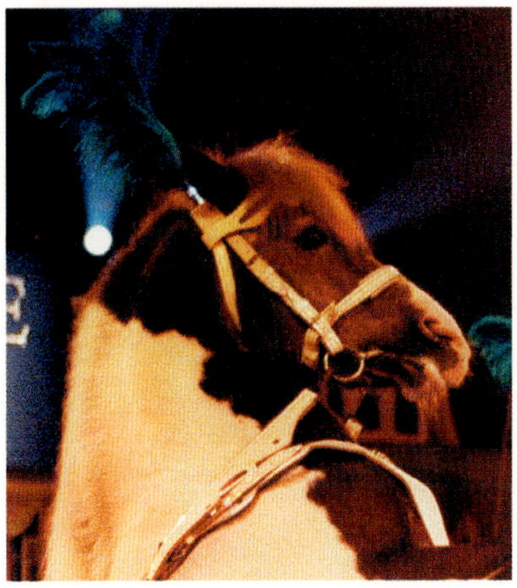

Un peu à l'image
du festival de cirque
de Monaco, le festival
du cirque de Massy
rassemble pour quelques
jours, sous le chapiteau
du cirque Kino's,
des numéros
exceptionnels soumis
à l'appréciation
d'un jury.

CIRQUE
SY

Lucien Gruss

LUCIEN GRUSS EST LE VÉRITABLE HÉRITIER DE L'EXTRAORDINAIRE ÉCUYER QU'ÉTAIT SON PÈRE, ALEXIS GRUSS SENIOR. IL A CONNU LA GRANDE ÉPOQUE, AU COURS DE LAQUELLE LA FAMILLE ÉTAIT UNIE DANS LE CADRE DU CIRQUE GRUSS-JEANNET, PUIS RADIO-CIRCUS. LE CIRQUE FAMILIAL ÉTAIT ALORS PROSPÈRE GRÂCE AUX PARTENARIATS AVEC LES JEUX RADIOPHONIQUES.

PAGE CI-CONTRE : Lucien Gruss a été l'un des premiers artistes à quitter la piste du cirque pour se produire en animation dans les concours hippiques.

Une ambiance
à la Zingaro, pour
ce numéro au cirque
Arlette Gruss,
celui de sa sœur...

À Bercy, Lucien présente une extraordinaire cabriole. La cavalière se nomme Christine Deplas.

Lorsque la famille Gruss se disloqua, dans les années 1970, le père de Lucien connut des moments difficiles. Il n'accepta pas de participer autrement qu'en tant que conseiller à l'aventure du cirque à l'ancienne de son neveu, Alexis junior. Lucien, resté auprès de son père, fait alors diverses rencontres dans le monde du saut d'obstacles et entame une carrière itinérante en tant qu'animateur de concours hippique. Lui et son père sont alors hébergés par Christine Deplas, qui possède de magnifiques installations à l'est de Paris. Lucien Gruss devient, avec Mario Luraschi, l'animateur-vedette des pistes européennes. Il se produit au Salon du cheval, à Equitana en Allemagne, à Bercy, etc. À côté du numéro de chevaux en liberté mis au point par son

Lucien a toujours affectionné les frisons. Ici aux longues rênes, chez sa sœur, Arlette.

Pour ses présentations, Lucien était souvent obligé de monter une piste de 13 mètres de diamètre, au centre des terrains de jumping.

PAGES PRÉCÉDENTES : Au début des années 1990, la SEPA, la société de Madame Bourrey et de son fils François, organisait de nombreux concours en France. Lucien était généralement l'animateur-vedette de ces événements. Ici à Dinard.

père, il présente Lazao, un magnifique lusitanien aux longues rênes et monté. Lucien, en effet, a su s'affranchir du monde du cirque pour acquérir les bases d'une équitation classique auprès du dresseur classique qu'est le colonel Ladoucette. Il accepte, alors qu'il est déjà un grand maître de l'art équestre, de se remettre en question et de revenir aux exercices les plus simples tels que le marché droit ou le travail sans étriers.

La mort de son père sera pour Lucien à la fois un grand choc et une forme de libération. Vivre dans l'ombre d'un si grand homme, au caractère particulièrement trempé, n'était pas facile, même si Lucien lui vouait une véritable vénération… *« Il n'y a pas un jour où je rentre sur la piste sans penser à lui »*, déclare-t-il dans une interview.

À la suite de sa rupture avec Christine Deplas, Lucien éprouve des difficultés à faire héberger son immense cavalerie. Il loge un moment dans un club à Saint-Aubin près de Saclay (Essonne), avant d'accepter l'invitation d'Emmanuelle Bour, directrice du haras national des Bréviaires. Pendant trois ans, Lucien donne des spectacles et dresse les chevaux du haras en échange du gîte et du couvert pour ses propres chevaux. Plus tard, c'est Jean-Paul Guerlain qui l'héberge aux Mesnuls, à peine quelques kilomètres plus loin... Puis c'est l'aventure avec Levieuge, un passionné de dressage, qui s'est enrichi grâce à une compagnie de taxis parisiens. Ensemble, ils rêvent de créer une académie de dressage un peu à la manière de Luis Valença, au Portugal. Ils s'installent alors dans les Alpilles et font construire de magnifiques installations. Hélas ! l'expérience est de courte durée et les deux hommes ne tardent pas à se disputer. Lucien décide alors de se fixer dans le sud de la France, la patrie du spectacle équestre. Il achète avec Martine, une jeune femme rencontrée lors d'un stage à Poitiers, une ferme de quatre hectares pourvue d'un grand poulailler (selon ses propres dires). À la place de la grande volière, il fera un manège olympique !

À la même époque, au début des années 1990, Arlette Gruss, sa sœur, dont le cirque passe pour le plus prospère d'Europe, lui propose des contrats ponctuels. Lucien retrouve alors le monde du cirque et ses avantages : un milieu professionnel, du personnel, un orchestre, etc. Tandis qu'il renoue avec la vie de saltimbanque, Martine, qui est monitrice d'équitation, enseigne les techniques de Lucien Gruss dans le Sud.

À Cannes, Lucien pilote Aiglon, un frison, lors d'une splendide courbette classique. La ballerine n'est autre que le champion de concours hippique Philippe Rosier.

En haut, à gauche :
Au haras national de Blois, Lucien Gruss et Dorothée Aubry ont uni leurs talents pour proposer un spectacle complet. La belle est ici en selle et l'écuyer à pied.

En haut, à droite et en bas :
Numéro comique avec un ardennais dressé aux sauts d'école.

Au haras de Blois,
seize chevaux en piste :
quatre isabelle,
quatre gris
et quatre noirs.

Depuis maintenant huit ans, Lucien est revenu dans le monde du cirque, sous le chapiteau de sa sœur Arlette, tandis que Martine anime son école, le temps que durent les tournées. Lucien a ainsi le loisir de passer beaucoup plus de temps avec ses chevaux, notamment à les travailler. Tout le monde a pu constater que son art du dressage en liberté a encore progressé. Bien qu'il travaille tous les jours sa cavalerie, il présente un numéro différent tous les ans. Nous l'avons photographié lors du spectacle donné en son honneur au haras de Blois, au cours duquel il présentait un numéro de douze étalons en liberté : quatre gris, quatre noirs et quatre isabelle.

CASCADEURS ET VOLTIGEURS

Lors d'un spectacle entièrement monté par lui à l'abbaye de Chaalis, Mario Luraschi présente son légendaire numéro de char romain.

Mario Luraschi

Mario présente à Bercy un char en feu : un numéro mis au point pour *La belle histoire,* le film de Claude Lelouch.

IL EST LE CASCADEUR MYTHIQUE AUQUEL TOUTE UNE GÉNÉRATION S'EST IDENTIFIÉE. À CÔTÉ DE SON TRAVAIL EN TANT QUE SPÉCIALISTE DE L'ÉQUITATION ET DES CASCADES DANS LE CINÉMA FRANÇAIS, MARIO A TOUJOURS PARTICIPÉ ET ORGANISÉ DES SPECTACLES ÉQUESTRES.

PAGE CI-CONTRE : Joëlle Balland, le bras droit de Mario et la plus fameuse cascadeuse équestre, répète son numéro en face de l'abbaye de Chaalis.

Dans les années 1980, Mario et son compère Bernard Celeyron organisaient les premières courses de chars du Salon du cheval de Paris. L'organisateur était un certain Jean-François Chary, qui allait devenir président de la Fédération équestre française.

À Bercy, dans le concours mis au point par Jean-François Chary et repris par Jacinthe Giscard-d'Estaing, l'aurige Mario saute un tremplin avec son quadrige.

Il y a vingt ans, Mario Luraschi animait déjà le Salon du cheval ou la Fiera Cavalli (à Vérone) avec ses courses de chars, à quatre chevaux de front.

Le pionnier de la poste hongroise en spectacle, c'est lui. Depuis, tous les gamins du Sud-Est s'essayent à cette spécialité, au moins sur deux chevaux. Car la poste que présente Mario compte au moins six chevaux : deux porteurs et un attelage de quatre autres, devant, à bout de guides.

C'est encore Mario qui a popularisé la voltige cosaque *(djighitovka)*, en ligne droite, « importée » en France par Pierre Pakhomoff, et lui toujours qui a le premier couché et fait asseoir ses chevaux. Aujourd'hui, ce dressage fait presque partie des bases pour tout cheval de spectacle.

Mario Luraschi a été l'un des tout premiers, avec Lucien Gruss, à se produire dans les concours hippiques, dans les salons et dans tous types de manifestation : du monde des courses à celui de la randonnée à cheval. Dans le cadre de son métier de cascadeur, il a participé à plus de quatre cents films, ainsi que formé et fait travailler des dizaines de cascadeurs à cheval, lesquels ont à leur tour fait école...

Mario a également monté ses propres spectacles, dont celui de chevalerie, à Las Vegas, au château-hôtel l'Excalibur. C'est cette expérience qui lui a permis d'être choisi par Eurodisney pour dresser les chevaux et former les cavaliers pour le spectacle du Wild West Show : un hommage à la conquête de l'Ouest américain.

PAGES SUIVANTES :
Le char romain en action à l'abbaye de Chaalis.
Mario l'Italien en romain.

Enfant, Mario se prend déjà pour un Indien. À l'âge de 14 ans, il rencontre la famille Falques, qui dirige le cirque du même nom. La troupe travaille alors sur le tournage du feuilleton *Les Indiens*. Mario connaît là une première expérience de palefrenier en échange de ses premiers apprentissages de cascadeur. Pour faire plaisir à ses parents, il suit une formation de dessinateur industriel ; mais à 16 ans,

Dans l'immense Puszta hongroise, les Csikos, ces descendants des Magyars, continuent à pratiquer la poste, telle que l'exerçaient leurs ancêtres pour économiser les chevaux. La véritable poste hongroise se pratique avec deux porteurs et trois chevaux en flèche. Les chevaux ne sont pas harnachés les uns aux autres. Seules les guides les retiennent.

CI-DESSOUS : La poste hongroise à six chevaux au jump HEC.

sa curiosité et son sens de l'aventure le poussent à aller pratiquer l'équitation tauromachique en Espagne auprès du maître Paco Yañez. Puis il s'exporte au Portugal pour suivre l'enseignement des disciples de Nuño Oliveira : José Athaïde et Luis Valença. Notez que l'on retrouve ce dernier personnage dans la biographie ou dans l'ombre de presque tous les professionnels du spectacle équestre, en France. Ce membre fondateur de l'académie d'art équestre portugaise possède un magnifique établissement à Lezíria, près de Lisbonne. Il y organise de nombreux spectacles équestres pour les touristes et y reçoit ses clients, souvent venus de France acheter des chevaux de spectacle déjà dressés. Auprès de José Athaïde et de Luis

Valença, Mario apprend l'art de la haute école : le pas espagnol, les appuyers, le piaffer-passage, etc., ainsi que les sauts d'école, comme la cabriole, dont Valença est un expert.

Mario a également reçu l'enseignement d'un maître pour l'attelage : Bernard Celeyron. Cet aventurier au look de gentleman est l'héritier de l'art du menage du début du siècle. Il a travaillé notamment chez Debut de Roseville et Hardy, une société installée à Neuilly-sur-Seine et passée de l'attelage dans Paris au dressage de chevaux pour le cinéma. Signalons au passage que François Hardy est encore aujourd'hui le grand spécialiste de l'attelage au cinéma. C'est d'ailleurs avec Bernard Celeyron que le jeune Mario présentait ses premières courses de chars, et avec son assistance qu'il se lançait dans l'attelage à six, puis dans la poste à six...

Enfin, c'est avec le cascadeur Georges Branche, dans le cadre de la Mer de Sable, le parc d'attractions créé par Jean Richard à Ermenonville, que Mario a fait ses classes en tant que cascadeur. La ferme que Mario loue à l'Institut de France à Fontaine-Chaalis, de même que le moulin de Montlognon, dans lequel il a fait ses débuts, sont d'ailleurs situés dans la forêt d'Ermenonville, tout près de ce lieu mythique où sont passés tous les cascadeurs équestres.

Ce qui fait l'originalité de Mario en spectacle, c'est bien sûr son expérience de cascadeur de cinéma. Pour lui, il est beaucoup plus difficile de faire travailler un cheval dans les grands espaces qui sont ceux généralement choisis par les metteurs en scène, plutôt que dans l'espace confiné d'un rond de cirque ou d'une carrière de manège.

Mario est également très apprécié pour sa capacité à mettre rapidement en valeur des acteurs généralement piètres cavaliers. Il dispose d'une cavalerie de chevaux ibériques extrêmement faciles à monter et qui répondent en outre très bien à la voix de leur maître, resté à pied sur le bord de la carrière ou du plateau. Parmi ses élèves, on compte : Gérard Depardieu, Sophie Marceau, Jean Réno, Juliette Binoche, Léonardo Di Caprio, John Malkovitch, et bien d'autres... Nombre de ces acteurs ont accepté de lui rendre un hommage à cheval lors du spectacle que Mario a donné à Bercy le 7 mars 1998, pour fêter ses trente ans de cinéma.

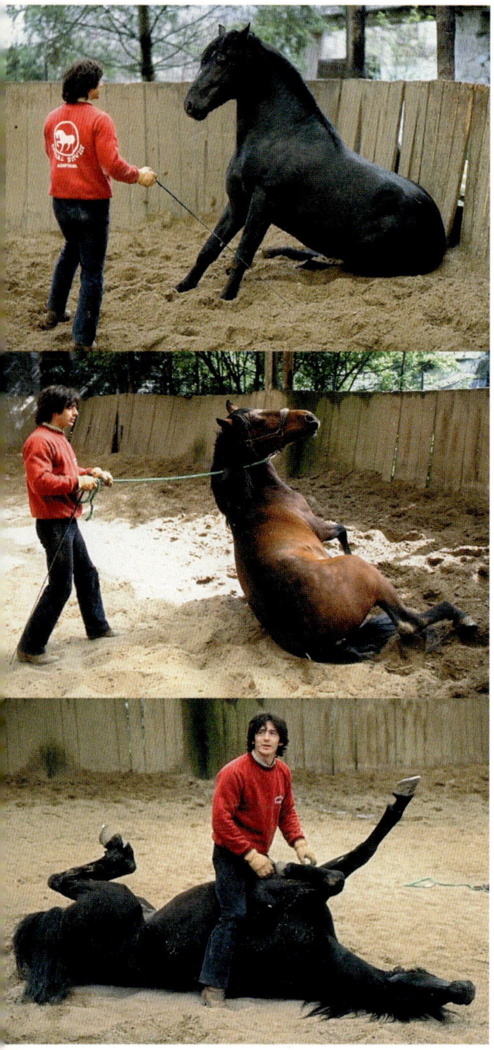

Mario a été le premier cascadeur à coucher les chevaux en douceur, alors que ses prédécesseurs utilisaient encore volontiers des câbles pour les faucher en pleine course.

L'un des acteurs du Disney Wild West Show en formation chez Mario.

Ci-dessus, Leslie répétant son numéro d'amazone, et ci-contre, le résultat en costume. Leslie est la seconde femme de la troupe des cascadeurs que dirige Mario.

PAGES SUIVANTES : Mario et Joëlle présentent leur spectacle de chevaux de cinéma lors du Derby de Vauptain, à Buc. Ils sont alors les seuls à voltiger en ligne droite à ce niveau.

Les émules de Mario Luraschi

MARIO LURASCHI A SERVI DE CHEF DE FILE À PLUSIEURS GÉNÉRATIONS DE CASCADEURS, DE VOLTIGEURS ET DE PROFESSIONNELS DU SPECTACLE ÉQUESTRE. SON CHARISME ET SA GRANDE POPULARITÉ DANS LES MÉDIAS ONT FACILITÉ L'IDENTIFICATION DES JEUNES À CE CASCADEUR D'ORIGINE ITALIENNE. LE PHÉNOMÈNE A ÉTÉ ENCORE PLUS INTENSE DANS LE SUD DE LA FRANCE.

PAGE CI-CONTRE : Robin Hasta Luego harangue la foule du Renault Jump de Franconville.

CI-DESSUS : Le grand frère, en poste sur trois chevaux, durant la première Equirando solognote.

Dressage de chevaux
en main et en liberté,
voltige en ligne...
Le répertoire de Charlie
est le même que celui
de Mario, qu'il égale
d'ailleurs en virtuosité,
sinon en notoriété.

Charlie Andrieux

Jean-Charles Andrieux, dit Charlie, est un cascadeur qui est lui aussi passé chez Georges Branche à la Mer de Sable et à la Vallée des Peaux-Rouges, et qui a également travaillé avec Mario. Il vient de Camargue où, enfant, il dressait les chevaux blancs. Installé en Provence, à Cadenet, il a monté Les cavaliers voltigeurs de France, une société de spectacle spécialisée dans la voltige en ligne droite. Charlie fut d'ailleurs champion de France de la spécialité en 1981, à titre individuel, puis en équipe en 1983. Charlie Andrieux pratique également la course de chars et la poste hongroise, exactement comme Mario Luraschi.

Charlie aux guides
de son char romain.

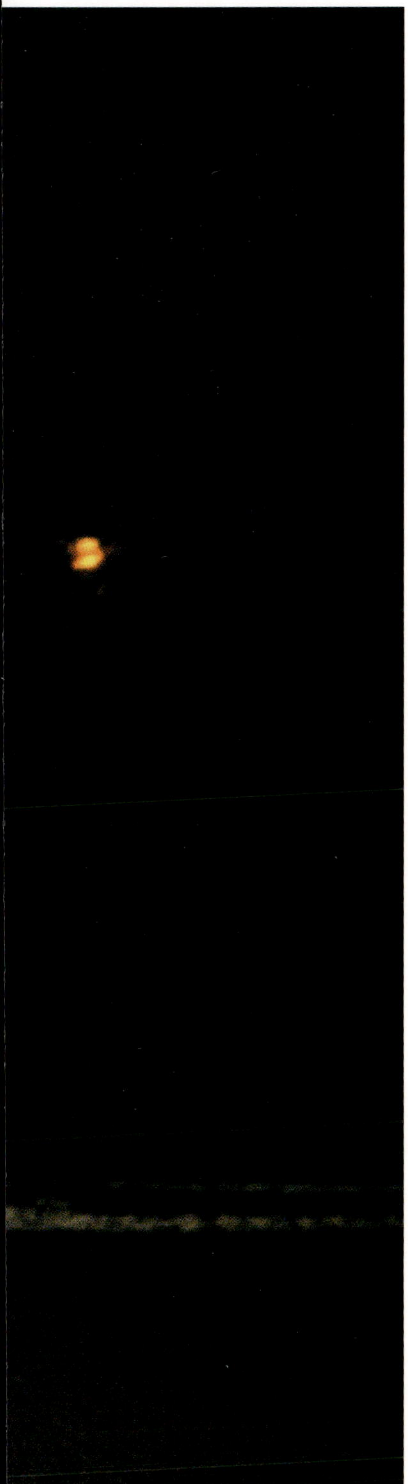

Numéro de poste
hongroise à Cheval
Passion, en Avignon.

Chaps

Chaps, tout comme Charlie Andrieux, est un grand professionnel installé dans le sud de la France. Lui aussi pratique l'équitation très physique de Mario Luraschi : la course de char, la poste hongroise à six chevaux, etc. Chaps a un goût prononcé pour les exhibitions dangereuses et sportives à haute poussée d'adrénaline. La compagnie qu'il a créée se nomme d'ailleurs Les cavaliers de l'impossible ! Mais si Chaps a le goût du risque et de l'exploit, ses prestations sont toujours extrêmement soignées et bien finies, tel Chuck Wagon, qu'il a présenté à Cheval Passion, et qui était un mini Wild West Show avec des cow-boys et des Indiens en costume.

Parmi les cavaliers qu'il a fait travailler et qu'il a contribué à former, on compte des gens aussi prestigieux que Frédéric Pignon, Magali Delgado ou Jean-Marc Imbert. Chaps anime aussi des stages de formation à la voltige cosaque à la Ferme du Ménil-Saint-Michel, à Flavigny, en Meurthe-et-Moselle.

La version minimale de la poste se pratique avec seulement deux chevaux. Debout sur la croupe des animaux, les acrobates les plus adroits galopent ventre à terre et parviennent même à sauter des obstacles, comme Lorenzo. Claude Auger, quant à lui, s'est forgé une réputation de spécialiste de la poste hongroise sur des cobs normands.

Les Hasta Luego ont eu la chance d'être invités à l'île Maurice avec leurs chevaux pour animer le concours hippique de l'île.

Les Hasta Luego
ont longtemps
été les plus jeunes
voltigeurs de France.
Ici chez eux,
dans le Sud-Est,
ils s'entraînent
à traverser le feu,
déguisés en Indiens.

Voltige en ligne à Franconville.

Comme son nom l'indique, la voltige en ligne droite se pratique sur une longue piste, ou plus souvent le long du grand côté d'une carrière. Cette spécialité n'est possible qu'à condition de disposer de la fameuse selle cosaque importée par Pakhomoff, et que Mario Luraschi a été l'un des premiers à utiliser.

Les Hasta Luego

La famille, ou plutôt le clan Hasta Luego, est issue du cirque. Max et Clara, les parents, sont des anciens du cirque Bouglione. L'idée qui les lança dans le monde du spectacle équestre fut de mettre en scène leurs tout jeunes enfants. Ce furent d'abord Erik et Christophe qui, à l'âge de 10 et 7 ans, présentèrent de somptueux chevaux ibériques en haute école et en voltige cosaque. Puis, alors que les deux aînés étaient devenus de robustes et fougueux voltigeurs, c'est Robin, le petit dernier, qui est devenu la coqueluche du public. Au répertoire de la troupe : voltige cosaque, poste hongroise, traversée de feu...

Depuis 1998, les enfants, devenus grands, ont monté leur propre cirque équestre : Le peuple cavalier. Avec leurs femmes, Sandrine, Josiane et Audrey, les trois frères Hasta Luego et leurs enfants, Sabrina, Mélissa, Kelly, Gary, Max Junior et Nina, constituent ce peuple cavalier qui s'essaye à présent aussi bien à la haute école qu'aux cascades et à la voltige. Ils se produisent tous les ans à Paris, au moment du Salon du cheval, mais aussi à Strasbourg, à Fontainebleau, etc.

Los Rios

Ces jeunes gens sont un peu les successeurs des Hasta Luego sur les pistes de concours hippique et dans les spectacles équestres. Leur grande jeunesse et leur vigueur leur permettent de présenter un spectacle de voltige cosaque très enlevé, sinon très bien fini... Ils sont à l'heure actuelle les plus jeunes voltigeurs de France.

Los Rios au Festival du haras du Pin. Ce sont désormais eux les plus jeunes voltigeurs de France.

Démonstration de voltige en ligne au domaine de Pech-Petit, dans le Lot.

Derrière le pseudonyme de Los Rios se cache en fait la famille Treillet. Le grand-père maternel était trapéziste au cirque Rancy. Le père est cascadeur et voltigeur. L'aîné des enfants, David, se produit en spectacle depuis qu'il a 11 ans. Il est maintenant épaulé par ses deux jeunes frères : Frédéric et Thierry. Aujourd'hui, David a 24 ans, Frédéric 20 ans et le petit dernier 16 ans. La troupe s'est également agrandie et a accueilli Axelle, 24 ans, la femme de David, et Tess, leur fille de 3 ans, qui se prépare à entrer en scène sur son poney Gidgi !

Claude Auger

Bien qu'il ait organisé des spectacles très divers, et notamment d'étonnantes reconstitutions historiques, c'est son numéro de poste hongroise qui a rendu Auger célèbre. Lui n'attelle pas des ibériques, comme Mario ou la plupart des cascadeurs. Il a choisi des cobs normands ! Avec ces chevaux de trait léger, Claude Auger s'est lancé dans la course aux records. En 1988, il présente une poste hongroise à quatorze chevaux. En 1991, c'est vingt chevaux qu'il attelle et avec lesquels il parcourt 320 km en huit jours. L'année suivante, en 1992, il effectue une course de relais en poste hongroise entre la Hongrie et Paris. Debout sur ses chevaux, il couvre 1 300 km en huit jours pour arriver sur l'hippodrome de Vincennes à l'occasion de la Journée du cheval.

Claude Auger n'a pas suivi les filières classiques des cavaliers de spectacle. Après avoir fait l'école du Pin aux haras nationaux, il a ensuite suivi les cours de l'ENE, à Saumur, pour devenir instructeur. Il a également été garde républicain. C'est en dirigeant une école d'équitation qu'Auger a commencé à organiser des spectacles équestres. Il trouve son créneau dans les fêtes populaires et dans les commémorations historiques. En 1995, Auger part au Canada pour participer aux médiévales de Québec, un événement qui accueillera un million et demi de visiteurs, mais ne sera malheureusement pas reconduit. En 1997, de retour du Canada, Auger s'installe à Besse-sur-Issole, dans le Var, et y développe le théâtre de verdure. Là, entre Marseille et Nice, il reçoit des touristes et se déplace pour organiser des spectacles équestres.

PAGE CI-CONTRE :
Les figures de base consistent à se dissimuler derrière les flancs de sa monture, à pratiquer des à-terre-à-cheval, à se mettre debout ou en poirier sur son cheval. Les plus audacieux parviennent même à passer sous le ventre du cheval au galop...

Claude Auger présentant son cheval à la courbette en main, à la façon du Cadre noir.

PAGES SUIVANTES :
Spécialiste des records mondiaux en poste hongroise, Claude Auger défile ici, à l'occasion de la Journée du cheval, sur l'hippodrome de Vincennes.

Le jeune Lorenzo en Avignon. Non seulement il garde son équilibre sur sa poste hongroise, mais il l'emmène sauter des obstacles.

Lorenzo

Laurent Serre, de son véritable nom, est le nouveau prodige de la poste hongroise. En 1995, ce jeune Camarguais, né en 1977, qui semble s'être formé tout seul en Camargue, a été lauréat de la Fondation Bleustein-Blanchet pour la Vocation pour sa poste à six chevaux, avec laquelle il saute de petits obstacles de concours hippique. Car Lorenzo ne se contente pas de tenir debout sur le dos de deux chevaux et d'en tenir quatre autres à bout de bras. Il emmène son attelage sur des obstacles hauts de 80 cm ou saute lui-même par-dessus une barre sous laquelle passe son attelage. De temps à autre, il agrémente la performance en enflammant l'obstacle ou en traversant un rideau d'eau. Son incroyable numéro l'a conduit aux quatre coins du monde, et notamment à Equitana en Allemagne, au jumping de Calgary au Canada, ou à l'Olympia de Londres.

Ses chevaux sont pour la plupart des portugais, plus quelques camargues. Tous sont gris. Lui est toujours entièrement vêtu de blanc avec des bottes en cuir noir.

Une poste à six chevaux sur un spa, à Cheval Passion.

Le talent de Lorenzo lui permet de faire des prestations dans l'Europe entière.

TELUS
Presents
LORENZO

Cabarets et théâtre équestre

Frédéric Pignon dans un numéro monté de longues rênes lors des Crinières d'or d'Avignon.
En vignette : Gilles Fortier.

Cheval Passion

Le numéro d'Indien de Jean-Marc Imbert.

CHEVAL PASSION
EST LA MANIFESTATION
DU SPECTACLE ÉQUESTRE !
C'EST, SANS CONTESTE
POSSIBLE, LA MECQUE
DES CAVALIERS DE SPECTACLE,
LA PÉPINIÈRE DES JEUNES
TALENTS, LE TERREAU
DE PRESQUE TOUS
LES NUMÉROS DE CHEVAUX.

PAGE CI-CONTRE : Démonstration d'équitation western.

La manifestation est née en 1986 à l'initiative de RMG, la société qui gère le palais des Papes en Avignon, à la suite d'une demande du maire de la ville, à l'époque Jean-Pierre Roux.

Alors que la plupart des salons ne proposaient qu'un conglomérat de stands agrémenté de quelques animations, Avignon a monté un véritable spectacle, avec quelques stands autour… Tout y était : les lumières, la sonorisation, la mise en scène, l'animation, le rythme, etc. Les organisateurs avaient en outre eu la sagesse de renoncer aux animations tauromachiques, pourtant très populaires dans la région. C'était une condition sine qua non au succès national de l'événement.

L'homme à qui l'on doit cette réussite s'appelle Pierre Lapouje. Bien que tout le monde semble à présent l'avoir oublié, c'est lui qui fut, des années durant, le mentor et le rêveur qui a permis aux Crinières d'or – c'est le nom du spectacle – de devenir ce qu'elles sont. C'est lui qui a sillonné l'Europe et la France à la recherche de cavaliers talentueux. C'est lui encore qui eut l'idée de la Bodega, cette tente sous laquelle tous les artistes en herbe peuvent venir présenter leur numéro aux personnes venues se rafraîchir et déguster quelques tapas. Tous les ans, c'est dans cet endroit convivial que sont testées les attractions qui seront choisies l'année suivante pour les Crinières d'or.

Depuis l'éviction de Pierre Lapouje, c'est Maurice Galle, un sellier de Tarascon, qui a repris la casquette de régisseur et de directeur artistique des Crinières d'or. En quelques années, il est devenu le chorégraphe incontournable de presque tous les grands spectacles équestres du Sud. C'est maintenant lui qui déniche les nouveaux talents et provoque les rencontres qui déboucheront sur des numéros originaux. Il organise par exemple à Tarbes, dans le cadre d'Equestria, un spectacle très novateur nommé Le Festival de la création équestre. Les meilleurs numéros de Tarbes sont en général retenus pour Avignon…

À quelques rares exceptions près, tous les artistes photographiés dans ce livre se sont produits en Avignon : Lucien Gruss, par exemple, a été l'un des piliers des premières éditions.

Les gardians escortent un troupeau de camarguais libres.

L'écuyère à panneau.

Au centre, ci-dessous :
Gilles Fortier et sa fille Virginie dans un numéro d'équitation sans filet.

Ci-dessus :
La troupe des Eshimbekov, venus du Turkménistan présenter un numéro de véritable voltige cosaque.

Ci-contre :
La compagnie bretonne Amarock a su apporter une touche d'originalité en faisant danser ensemble échassiers et cavaliers.

Ci-contre,
et ci-dessous :
Caracole et
son numéro
du cerceau
enflammé.

Olivier Boutaud,
en cavalier ibérique,
avec deux danseurs
munis de lances.

Les piliers de Cheval Passion

Pascal Chemel
et les élastonautes.

Le spectacle des Crinières d'or, à Cheval Passion, offre un cadre d'exception à des artistes qui ne bénéficient pas encore d'une structure leur permettant d'exercer leur art au quotidien. C'est généralement en Avignon que les plus talentueux des espoirs du spectacle équestre viennent présenter leurs nouveaux numéros.

Page ci-contre :
Jean-François Pignon
et sa fameuse Gazelle.

Jean-François Pignon

Le petit frère de Frédéric Pignon a connu le succès avant son aîné. À son retour de la Mer de Sable, l'établissement de Jean Richard où il a fait ses armes en tant que cascadeur, Jean-François a tout de suite présenté la jument de son enfance, Gazelle, avec laquelle il a développé une complicité tout à fait exceptionnelle. Il possède en effet cette jument à moitié camargue depuis qu'il a 12 ans. Avec elle, il a tout fait, de la randonnée, des spectacles équestres, de la voltige, des cascades, etc. Mais c'est grâce à une présentation en totale liberté que Jean-François a connu le succès, d'abord à Cheval Passion, puis dans toute l'Europe. Il a été le premier à présenter un cheval totalement nu sur une grande carrière. De son numéro se dégage une complicité et un rapport de confiance inhabituel dans le monde du cheval. Jean-François joue avec ses juments : Salsa et Gazelle. Il les fait asseoir et coucher sans la moindre contrainte. Gazelle pose son pied sur sa tête ou ses deux antérieurs sur ses épaules. Encore une fois, il n'y a aucune contrainte ; juste le plaisir de jouer avec les chevaux comme avec des chiens.

Jean-François Pignon fut le premier à exploiter l'incroyable complicité qu'il a développée avec son cheval Gazelle pour monter un numéro avec un cheval totalement libre.

EN HAUT, À DROITE : Gilles Fortier dans un numéro de *garrocha*.

CI-CONTRE : À Nîmes, son numéro des ailes, inspiré des spectacles de Zingaro.

Pascal Chemel

Cet ancien cavalier de dressage s'est fait remarquer en Avignon avec un numéro en dextre. À cheval sur un bai, il tient en main un autre cheval gris qu'il dirige, et avec lequel il danse. Ce numéro lui a été inspiré par une pouliche née chez lui et qu'il a commencé à débourrer en main, depuis un autre cheval. La pouliche fut ainsi menée à la turkmène, d'abord en licol, puis en filet. Mais c'est finalement avec un autre cheval que Pascal a monté son numéro.

Installé dans le Calvados, Pascal Chemel vit à la fois du spectacle, des cascades (il collabore avec Mario Luraschi sur les grosses productions comme *Napoléon* ou *Fanfan la Tulipe*), et du dressage des chevaux à problèmes. Outre Mario Luraschi, ses maîtres furent le voltigeur en ligne Touzard et le cascadeur Jacky Venon. Il a également travaillé quatre ans à Eurodisney, où il préparait les nouveaux chevaux venus des États-Unis pour le Wild West Show. Actuellement, il prépare un nouveau numéro qui devrait être présenté à Versailles à l'automne 2002.

En haut, à droite : Le numéro de cheval en dextre de Pascal Chemel.

Ci-contre et ci-dessus : Pascal Chemel et les élastonautes.

Jérôme Texier
est parti des textes
et des photos
de James Fillis
pour reconstituer
l'exercice du galop
sur trois jambes.

H

L'influence ibérique

Dany Lahaye lors des championnats de la race lusitanienne à Lisbonne.

Les racines du spectacle équestre français se situent dans le sud-est de la France, où l'influence espagnole y est nettement sensible, d'une part, à cause de la tauromachie, dont la tradition est vivace en Provence-Alpes-Côte-d'Azur ; d'autre part, à cause du succès des chevaux ibériques en général : lusitaniens, pure race espagnole et cruzados.

Page ci-contre : Luis Valença, l'un des piliers de l'école portugaise d'art équestre, lors d'un spectacle organisé par lui. Son lusitanien palmino évolue avec une ficelle passée autour de l'encolure.

PAGE CI-CONTRE :
Luis Valença, dans les années 1980, au Salon du cheval de Paris.

Luisa, sa fille, à cru sur un palomino, également dans les années 1980.

Bien qu'elle soit totalement bannie du monde du spectacle équestre, la corrida reste une puissante source d'inspiration pour bien des cavaliers provençaux. Ainsi, on ne compte plus les numéros au cours desquels l'artiste évolue les rênes fixées à la ceinture, les deux mains libres. Cet exercice, qui permet aux toreros de planter deux banderilles à la fois, est exploité en spectacle pour évoluer les bras en croix (le théâtre du Centaure), éventuellement prolongés d'ailes (Magali Delgado ou Gilles Fortier). La doma vaquera, cette forme particulière de dressage qui prépare les chevaux au travail des taureaux, est également une discipline fortement représentée en spectacle. Le costume andalou, avec son boléro, sa veste courte et son chapeau à large bord *(ala ancha)*, est très élégant et se prête bien aux exhibitions les plus diverses. Olivier Boutaud, le champion de France de la discipline, danse par exemple en Avignon sur une chorégraphie de Brigitte Lipari, en compagnie de deux danseurs à pied. La *garrocha*, longue perche utilisée pour les courses de *derribo* en Andalousie, revient très souvent dans ces numéros de doma vaquera. Elle autorise les figures les plus diverses et possède de grandes qualités graphiques. D'une main, le cavalier dirige sa monture ; de l'autre, il positionne sa *garrocha* et virevolte autour d'elle... Cette lance, qui sert habituellement à renverser les taurillons pour tester leur bravoure, est devenue un accessoire de danse.

Les danseuses de flamenco andalouses et leurs falbalas agrémentent aussi de nombreux numéros. En croupe, en amazone, ou sur un parquet, faisant des claquettes, elles valorisent le beau *rejoneador* qui évolue sur son cheval à la queue coupée.

Dans les jardins de l'Observatoire de Nîmes, un duo entre une danseuse de flamenco et un cavalier tauromachique armé d'une *garrocha*.

Le Portugal n'est pas non plus en reste. Il est même peut-être encore plus présent que l'Espagne dans l'influence qu'il exerce sur les artistes français. Ainsi, de très nombreux dresseurs classiques se prétendent les disciples du grand maître Nuño Oliveira, mort en 1989. D'autre part, la race lusitanienne est la race étrangère le plus représentée en France et fut d'ailleurs la première reconnue par les haras nationaux. Ces somptueux chevaux à longue crinière, à l'encolure massive et aux allures relevées sont les meilleurs partenaires qui soient pour qui souhaite véhiculer du rêve. Enfin, la corrida à cheval est plus une spécialité portugaise qu'espagnole.

De plus, un personnage comme Luis Valença, un écuyer marchand de chevaux qui vit non loin de Lisbonne, exerce une influence non négligeable sur le marché du spectacle équestre français. Ce sympathique dresseur a monté une entreprise que lui envient beaucoup de nos compatriotes. Il organise, dans le cadre d'un manège privé, des spectacles pour les touristes qui s'arrêtent manger chez lui. Il se charge, en outre, de fournir en chevaux, souvent déjà dressés, de nombreux professionnels français. Yves Bienaimé, par exemple, se fournit chez lui. Bartabas lui a aussi acheté les chevaux crème qu'il utilisera pour l'académie de spectacle équestre de Versailles... Mario Luraschi confesse également être allé se former chez lui. Rappelons que Luis et sa fille se sont produits, voilà bien des années, au Salon du cheval de Paris. La petite fille montait à cru un superbe lusitanien palomino, préfigurant ce qu'on verrait à Cheval Passion des années plus tard.

Dany Lahaye lors
des championnats
de la race lusitanienne
à Lisbonne.

Page ci-contre :
Présentation
d'un étalon lusitanien
monté à Lisbonne.

Frédéric Pignon

FRÉDÉRIC PIGNON EST, POUR MOI, LE PLUS GRAND DRESSEUR DU XXIE SIÈCLE. CE QU'IL FAIT AVEC SES ÉTALONS EN LIBERTÉ, PERSONNE D'AUTRE NE L'A RÉUSSI ! GRÂCE À UNE VIE DE NOMADE TRÈS AVENTUREUSE, IL A PU BÉNÉFICIER DES CONSEILS DES PLUS GRANDS MAÎTRES.

PAGE CI-CONTRE :
Templado à la courbette en main.

Trois étalons ensemble
et en totale liberté
sur l'immense piste
de Paris-Bercy.

C'est par le regard
que Frédéric garde
le contact avec ses
étalons. Il suffit
parfois que le rideau
d'une crinière passe
devant l'œil d'un étalon
pour que ce lien
ténu se rompe et
que l'animal s'enfuie.

Modeste et intelligent, Frédéric Pignon se présente lui-même comme un chercheur en perpétuelle quête d'une meilleure communication avec les chevaux. Pourtant, son succès actuel aurait pu lui monter à la tête, comme à tant d'autres... Non, lui sait qu'il lui reste beaucoup à apprendre et à découvrir. C'est pourquoi il va continuer à progresser !

Frédéric est arrivé dans la Drôme avec ses parents et ses quatre frères et sœurs à l'âge de 7 ans. Les Pignon quittaient une vie assez confortable d'enseignants en Bretagne pour se lancer dans la grande aventure du tourisme équestre et des circuits de randonnée de la Drôme à cheval. Enfant, il vivra comme un Indien, en perpétuel contact avec les équidés, allant même à l'école à dos de poney. Adolescent, il a pour

Ci-dessus :
Lors des Crinières d'or d'Avignon, un numéro monté de longues rênes.

Au Salon du cheval à Paris, Frédéric joue avec Templado et Fasto. La plupart des costumes de Frédéric et de Magali ont été spécialement confectionnés à l'occasion de leur aventure aux Caraïbes.

idole le cascadeur Mario Luraschi, qu'il imite en tout. Avec les chevaux de rien que leur ont offerts leurs parents, les frères Pignon, Frédéric et Jean-François, se produisent dans les spectacles locaux en rêvant d'une carrière sur le grand écran. Extrêmement doué pour le dessin et la sculpture, Frédéric entre à l'école des beaux-arts de Valence sans même passer son bac. Il suit alors les cours en dilettante, au grand dam de ses professeurs, séduits par ses dons artistiques. Il quittera cette école sans se soucier de passer aucun diplôme, toujours poursuivi par sa vocation de cascadeur équestre. Grâce à leurs contacts dans les clubs, les deux frères se font embaucher sur le tournage de la série télévisée *Guillaume Tell*. Là, ils rencontrent Mario Luraschi, ainsi que le cascadeur Georges Branche. Ce dernier va embaucher les deux frères et leurs chevaux à la Mer de Sable, à Ermenonville. C'est là qu'ils feront leurs classes de cascadeurs équestres, comme avant eux Mario Luraschi et tant d'autres.

Sur place, Frédéric va commettre l'erreur d'échanger Criket, le cheval de son enfance, contre une monture de voltige en ligne plus brillante, mais au fond sans intérêt, ni surtout aucun dressage. Jean-François, lui, conserve Gazelle, une jument mâtinée Camargue, superbement dressée, qui va lui assurer le succès à Cheval Passion, puis sur les scènes équestres d'Europe. Ce succès unilatéral va séparer les deux frères.

À gauche, Aetes,
au chignon légèrement
tombant, face
à Templado à l'arrière-
plan, et à Amoroso.

Ci-dessus,
de gauche à droite :
Templado,
Fasto et Amoroso.

Les deux sœurs Delgado
dans la campagne.

Magali Delgado dans le numéro des ailes, les rênes à la ceinture.

En Avignon, Fasto, le frère de Templado, en liberté.

Pour échapper au service militaire, Frédéric devient objecteur de conscience dans un club hippique dédié aux handicapés. C'est là qu'il rencontre la belle Magali Delgado, remontée sur Perdigon, le célèbre étalon de ses parents éleveurs.

Le jeune couple s'installe et reprend la clientèle d'un professionnel parti à la retraite. Frédéric entame le dressage de Templado, un étalon dont un client des parents de Magali ne voulait plus. Ce cheval à la longue crinière va lui permettre de faire les cascades de la publicité pour les montres Tissot et de se faire remarquer en spectacle.

Parmi les clients de son établissement, une jeune femme est en contact avec des dresseurs espagnols sur le point de monter un spectacle équestre à Saint-Domingue, aux Caraïbes. C'est ainsi que don Manuel Vidrié (illustre *rejoneador* espagnol et l'un des fondateurs de l'école de Jerez) vient chez les Pignon-Delgado et les embauche pour un an avec leurs chevaux. Commence alors une saga de

deux ans aux Caraïbes, en compagnie du maître espagnol et d'anciens élèves de l'école royale d'art équestre andalouse. Sur place, Manuel Vidrié se déplaçant moins facilement, prend Frédéric pour disciple et lui enseigne les bases de la haute école. C'est également au cours de cette aventure sous les tropiques que le couple provençal rencontre les régisseurs du spectacle Arabian Nights, à Orlando en Floride, dont ils vont devenir les consultants. De retour en France avec des chevaux parfaitement dressés et des numéros bien rodés, Frédéric et Magali reconquièrent facilement Cheval Passion et le monde du spectacle équestre européen. Tous les hivers, ils retournent aux États-Unis pour des vacations d'un ou deux mois en Floride. C'est là qu'ils rencontrent Corky Randall, le dresseur du film *L'Étalon noir,* qui va à son tour transmettre son savoir à Frédéric. Le dresseur de cinéma connaît tous les trucs qui permettent de dresser des chevaux en totale liberté, sans qu'ils soient contenus par une piste de cirque...

Aujourd'hui, Frédéric et Magali s'apprêtent à vivre une nouvelle aventure au Canada et aux États-Unis, dans le cadre d'un gigantesque spectacle itinérant mis au point par le créateur du Cirque du Soleil.

Magali Delgado s'exerce à la levade avec Bandolero, issu de l'élevage de la famille Delgado.

PAGE CI-CONTRE : Détail du harnachement de Bandolero, l'étalon cremello aux yeux bleus.

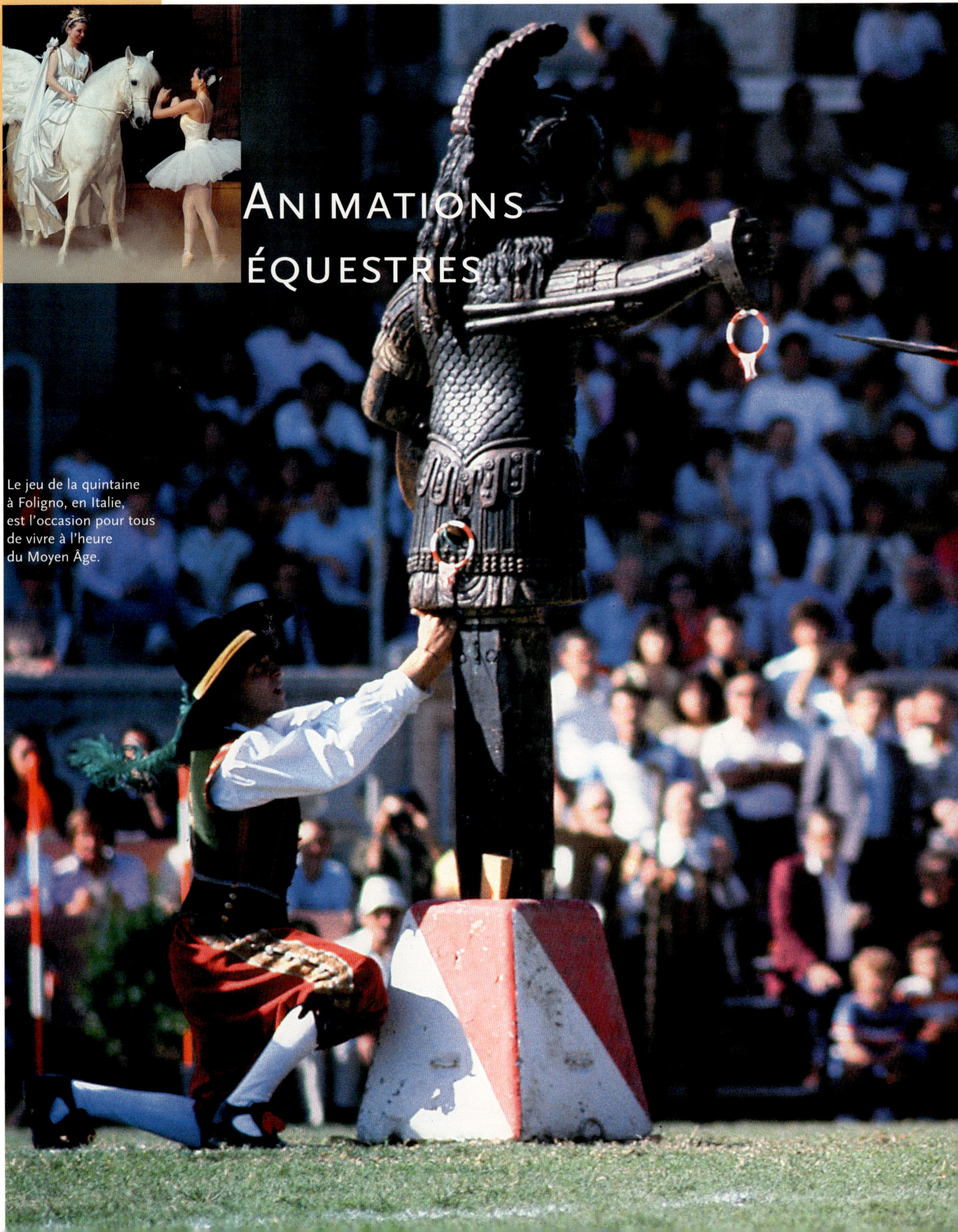

Animations équestres

Le jeu de la quintaine à Foligno, en Italie, est l'occasion pour tous de vivre à l'heure du Moyen Âge.

Le cheval se retourne sur son passé

Défilé à Sienne, en costumes d'époque, avant le Palio, une frénétique course de chevaux se déroulant autour de la célèbre *Piazza del Campo*.

En France comme à l'étranger, les reconstitutions historiques en costume fleurissent un peu partout. Le temps d'une fête, le cheval retrouve alors le rôle central qu'il occupait naguère dans l'agriculture, la guerre ou le transport.

Page ci-contre : Aux Pays-Bas, un attelage de tradition qui rappelle l'époque où les moissons se faisaient grâce à la traction animale.

CI-CONTRE :
Tournoi de chevalerie reconstitué par Mario Luraschi à l'abbaye de Chaalis.

CI-DESSOUS :
Le jeu de la quintaine, ici à Foligno, consiste à charger un mannequin et à décrocher un anneau de fer de la pointe de la lance.

Ci-dessus :
Tournoi de chevalerie
avec véritable
compétition, organisé
à Paris, voilà
une dizaine d'années.

Ci-contre :
Cascadeur en action
à l'abbaye de Chaalis.

A TOUTES LES GLOIRES DE LA FRANCE

Page ci-contre : À l'occasion du bicentenaire de la Révolution française, de nombreuses reconstitutions historiques ont été organisées. Ici à Versailles : les attelages de François Hardy.

Dans le cadre de « Paris, quartier d'été », un défilé de samouraïs japonais dans le jardin des Tuileries. Seuls les cavaliers viennent du Japon, les chevaux ont été prêtés pour l'occasion par des cascadeurs.

Dans les écuries
du maréchal de Saxe,
derrière le château
de Chambord,
une équipe
de professionnels
organise des spectacles
tous les jours
à la belle saison.

Dorothée Aubry travaille comme saisonnière dans les écuries du maréchal de Saxe. Elle apporte son savoir-faire et sa cavalerie à Dominique Poisson, l'organisateur du spectacle.

La troupe des écuries du maréchal de Saxe dans le magnifique cadre de leur spectacle. Notez le trompe-l'œil, derrière la grille, peint par Agnès Roy.

Le Cheval roi de Chambord à l'Espagne, tel est le nom du spectacle donné tous les jours, de mai à septembre, dans le célèbre château de la Loire.

Ci-dessus :
Dorothée Aubry,
au premier plan,
Patrick Julien, au centre,
et l'un de leurs élèves
sont embauchés
à Chambord pour
la haute saison.
Le couple se produit
également en spectacle
à travers toute la France.

Ci-contre :
Poisson, l'un
des deux organisateurs
du spectacle dans
un numéro comique.

Les grandes fêtes équestres

Un meneur
en tenue
du XVIIIe siècle.

LE CHEVAL EST L'ACTEUR PRINCIPAL DE NOMBREUSES GRANDES FÊTES ÉQUESTRES. C'EST PAR EXEMPLE LE CAS DES FERIAS DE SÉVILLE ET DE JEREZ EN ESPAGNE. EN ITALIE, LA CÉLÈBRE COURSE DU PALIO DE SIENNE JOUIT D'UNE RENOMMÉE MONDIALE. MOINS CÉLÈBRE, MAIS ÉGALEMENT IMPRESSIONNANTE, LA FOIRE DE SAIGNELÉGIER, EN SUISSE ROMANDE EST ÉGALEMENT SOURCE DE RÉJOUISSANCES ÉQUESTRES.

PAGE CI-CONTRE :
Grelots et harnais
à pompons caractérisent
les harnais andalous.

Los enganches,
les attelages, de l'école
royale d'art équestre
pendant la feria.
Le matin, la foule
n'est pas encore
au rendez-vous,
mais les chevaux, si.

Deux fières Andalouses
parcourent le paseo
en tenue masculine
et à califourchon.

La race Franches-Montagnes est à l'honneur à Saignelégier, dans le Jura suisse, lors du fameux marché-concours de la mi-août.

La course pour jeunes filles, à cru et en tenue campagnarde, est toujours très populaire.

Différentes courses de voitures attelées ont lieu sur l'hippodrome, dont une course de chars à quatre chevaux.

Les coursiers du Palio sont maintenant des pur-sang anglais. Chacun représente un des quartiers *(contradas)* de la ville. Ils sont montés à cru et peuvent gagner la course même après la chute de leurs jockeys (surnommés des assassins, car tous les coups sont permis). Ici, le dangereux virage de San Martino, en descente !

Le Palio a lieu deux fois l'an. Une fois le 2 juillet à la gloire de la Madonna del Provenzano, la patronne de la ville et une seconde fois le 16 août, à l'occasion de l'Assomption.

Le Puy-du-Fou

Le son et lumière, baptisé Cinéscénie, puis le parc à thème créé par Philippe de Villiers et ses Puyfolais (c'est ainsi qu'il nomme ses bénévoles) constituent une aventure équestre unique au monde.

Page ci-contre : Le spectacle de la bataille du donjon. Les chevaliers entrent en piste pour un tournoi qui sera interrompu par l'attaque des Anglais.

L'histoire commence il y a vingt-cinq ans, alors que le jeune Philippe de Villiers n'est encore qu'un jeune énarque de 27 ans, futur sous-préfet de région. Il découvre le site du Puy-du-Fou (dont le nom signifie la colline aux hêtres), son château en ruine et son grand lac en contrebas. Il imagine alors aussitôt un son et lumière géant qui raconterait l'histoire de la Vendée. L'aventure commence difficilement, mais s'avère finalement un incroyable succès. Le spectacle est grandiose. Des centaines de bénévoles y participent, en tant que figurants, techniciens ou acteurs (Philippe Noiret ou Jean Piat prêtent leur voix au spectacle). Dix ans plus tard, alors que le succès va toujours grandissant, Philippe de Villiers, devenu un homme politique

L'espace scénique de la Cinéscénie offre une vue panoramique de 18 hectares. 2 700 bénévoles ne sont pas de trop pour animer un tel espace.

Course de postes hongroises à la *Bataille du donjon*.

Les chevaux ne tiennent pas le rôle principal de la Cinéscénie, mais ils font partie intégrante de toute l'histoire de la Vendée.

de premier plan, crée le Grand Parc du Puy-du-Fou, qui est un peu l'antithèse d'Eurodisney, et qui aborde les thèmes de l'histoire vendéenne et de l'écologie. Le spectacle de fauconnerie et la bataille du donjon seront les premières attractions de ce parc de l'histoire de France. Dans ce nouveau cadre grandeur nature construit en dur, certains des bénévoles de la Cinéscénie passent professionnels. Ils vont alors se former à la voltige en ligne et aux différentes cascades équestres. Un peu comme à la Mer de Sable d'Ermenonville, un groupe de cascadeurs qui va bientôt faire école se développe au Puy-du-Fou...

C'est en 1998 que Philippe de Villiers développe l'idée : créer des écoles gratuites pour les bénévoles. C'est ainsi qu'au Puy-du-Fou existe maintenant une école d'équitation, baptisée académie junior, qui reçoit gratuitement, toute l'année, les Puyfolais, qui participent soit à la Cinéscénie, soit au Grand Parc. Cette académie forme d'abord les enfants à l'équitation classique, puis à la haute école, à la voltige en ligne droite, à l'attelage (y compris à quatre chevaux), etc. Elle est ouverte toute l'année.

Grâce à l'enthousiasme des Puyfolais et aux fonds apportés par le son et lumière ainsi que par le parc, de nouvelles attractions voient le jour régulièrement : la cité médiévale, le fort de l'an mil, le théâtre d'eau, etc. La dernière en date est l'ouverture du Stadium gallo-romain. Il s'agit d'une arène construite sur le modèle du Colisée de Rome et d'une taille supérieure aux arènes de Nîmes ou d'Arles. Dans ce cadre grandiose, les Vendéens mettent en scène les jeux du cirque : combats de gladiateurs, courses de chars et lâcher de fauves. C'est ainsi que tous les jours et jusqu'à trois fois par jour les week-ends ensoleillés, Le Puy-du-Fou organise des courses de chars romains. Le néophyte n'imagine pas la difficulté et les risques d'un tel défi.

Le donjon avance
dans la carrière et pivote
sur lui-même grâce
à un mécanisme
utilisé pour mobiliser
les fusées sur leur aire
de décollage.

L'attelage est déjà la plus dangereuse de toutes les disciplines équestres. Alors en quadrige, avec quatre chevaux de front, les chars romains sont de vrais dragsters... Par le passé, seuls quelques cascadeurs aguerris, comme Mario Luraschi et ses émules, présentaient des courses de chars, de manière très occasionnelle. Au Puy-du-Fou, c'est au quotidien qu'il faut réitérer l'exploit !

Les jeunes cavaliers puyfolais sont allés se former chez Mario Luraschi, puis l'ont fait venir en Vendée pour régler les premières courses. Bernard Celeyron, le maître d'attelage de Mario, a également été mis à contribution en tant que consultant technique. Rapidement, les élèves ont dépassé les professeurs en organisant au cours de la première année d'ouverture du Stadium plus de courses de chars que Mario n'en a réalisé dans toute sa carrière.

L'arrivée des chevaliers
pour le jeu de la quintaine,
pendant la Cinéscénie.

Bien que le même scénario se répète plus ou moins à chaque fois, chaque course est différente et aussi impressionnante que la précédente. Un des quatre chars perd une roue, un autre perd tout son essieu et se casse en deux. Les chevaux galopent à toute allure sur le sol Toubin-Clément de la magnifique *spina* (piste du cirque romain). Les auriges (meneurs de chars) ont vraiment le sentiment de piloter des formules 1. Les trente-six chevaux qui occupent les écuries du Stadium sont d'ailleurs soignés comme des chevaux de course. Ils sont suivis par deux vétérinaires de pointe. Leur menu quotidien est établi sur mesure par un nutritionniste équin tout aussi renommé. Bientôt, leur entraînement se fera sous monitorage cardiaque grâce à des sangles équipées de cardiofréquence-mètres...

L'école de cascade
du Puy-du-Fou
permet au Parc vendéen
d'aligner plusieurs
dizaines d'excellents
voltigeurs en ligne droite.

Le stadium gallo-romain est une réplique grandeur nature et en dur du Colisée de Rome. Ce sont les plus grandes arènes de France.

Les gladiateurs du stadium romain sont des armoires à glace venus spécialement de Tchéquie. Certains d'entre eux ont tourné dans le film *Gladiator* de Ridley Scott.

Damien le Romain, devenu chrétien, se bat contre les gladiateurs de l'Empire.

Les Puyfolais sont très jeunes (Vincent Guilloteau, qui dirige tout ce qui touche aux chevaux au Puy-du-Fou n'a que 27 ans), très professionnels et très motivés. Ils disposent avec le Grand Parc d'un terrain de jeu extraordinaire et des moyens nécessaires à la réalisation de tous leurs rêves. Et ceux-ci ne manquent pas ! Ils souhaitent par exemple reprendre le projet d'académie d'art équestre monté par Michel Henriquet (avorté car le manège de Versailles a finalement été confié à Bartabas pour une école de spectacle) et d'ouvrir pour 2005 un manège du XVIIIe siècle au Puy-du-Fou. Ils y travaillent déjà depuis 8 ans en compagnie de Carlos Pinto, célèbre cavalier international de dressage, ancien écuyer de l'école portugaise d'art équestre et principal consultant de l'école royale de Jerez à ses débuts.

Fin 2003, les Puyfolais devraient aussi conquérir le grand stade de France avec un gigantesque spectacle incluant des courses de chars (on parle de sept quadriges en piste) et des tournois de chevalerie opposant plusieurs dizaines de cascadeurs vendéens. Bref, les Puyfolais montent à l'assaut de la capitale.

La parade des légionnaires et des animaux au début du spectacle.

La course de char de Ben Hur a lieu tous les jours, en été, au Puy-du-Fou. Une écurie de trente-six chevaux entretenus comme des formules 1 permet de composer les quadriges.

Page ci-contre :
Un des chars lancé
à pleine vitesse
se casse en deux.

Ci-contre, à gauche :
Le char blanc est celui
de Damien, mais
ce n'est maintenant
plus lui qui le pilote,
mais une doublure.

Ci-dessous :
Majestueux aurige
entrant dans l'arène.

Pages suivantes :
Dans les virages,
les chars s'inclinent
de près de 30°.
Une erreur de trajectoire
et la sortie de piste
est assurée…

Le musée vivant du Cheval

Yves Bienaimé et sa fille, Sophie,
ont le virus du spectacle.
Le musée vivant du Cheval,
développé par Yves dans le cadre
des grandes écuries de Chantilly,
sert de décor aux prestations
de la famille Bienaimé.

Page ci-contre : Sophie Bienaimé et Sueño lors de la première Journée du cheval. Le couple représente la statue de la Renommée, située en haut du dôme de la grande écurie de Chantilly.

Polo-Tango est
la dernière création
des Bienaimé.
Elle associe la danse, la
musique et le cheval en
un mélange typiquement
sud-américain.

Ci-contre : un des
danseurs de tango de
la compagnie Alternancia
au corps à corps avec
Sophie Bienaimé.

La nouvelle salle
du musée : le labyrinthe
du peintre Victor.

Trois fois par jour, les Bienaimé et leurs stagiaires donnent des représentations pédagogiques destinées à expliquer aux spectateurs les subtilités de l'art du dressage. Dans le cadre du théâtre équestre édifié sous le dôme des grandes écuries ou dans la cour des chenils, transformée en carrière, les Bienaimé ont monté plus de vingt spectacles. Leurs quatre dernières créations sont *Le cheval sort du carré,* un spectacle qui présente les douze tableaux du foulard qu'Hermès a dédié au musée ; *Polo Tango,* un ballet centré sur l'équitation sud-américaine et qui rend hommage au sport de prédilection de Pascal Renauldon, le mari de Sophie ; *Cheval, rêve et poésie,* qui regroupe les meilleurs numéros depuis la création des spectacles, en 1984 ; *Noël, le cheval et l'enfant,* un spectacle pour les enfants qui raconte tous les ans une histoire différente autour du père Noël.

Lors de soirées prestige, souvent vendues à de grandes sociétés, le musée propose des créations encore plus originales, comme *Cheval et Gospel,* une comédie musicale qui retrace l'histoire des esclaves noirs au son des voix des chanteurs d'Angelo Pinto.

Le sémillant fondateur d'une des plus belles entreprises équestres françaises et l'angélique blonde qui est son aînée se produisent également à l'extérieur du musée. Ensemble, ils ont participé au 15e Festival du cirque de Monaco. Yves, bien que hors concours, y a reçu le grand prix spécial du Jury pour son numéro *Le cheval et la danse,*

Le polo, le sport des rois
dont les Argentins sont
les champions...

Yves Bienaimé,
le fondateur du musée,
en spectacle.

en duo avec la danseuse classique Fabienne Lagrange. Le numéro commence sur un texte de Danièle Rosadoni, dont voici quelques lignes : « *Entre le cheval de promenade et le cheval de haute école, il y a la même différence qu'entre un humain qui marche et un humain qui danse... Comme la danseuse, le cheval effectue des pas battus, des grands jetés ou des développés fastueux. Comme le cheval, la danseuse appuie, piaffe et galope, à tel point que l'on ne sait plus si c'est le cheval qui danse ou la danseuse qui passe.* »
Sophie a quant à elle présenté *La Renommée*. Tout de blanc vêtue, un diadème dans les cheveux, une trompette à la main, de grandes ailes en plumes d'autruche dans le dos, elle chevauchait *Pégase*, interprété par Sueño, un cheval de rêve... Ce numéro évoque la statue de Coysevox détruite sous la Révolution et dont une copie a été replacée en 1989 en haut du dôme des grandes écuries par Yves Bienaimé.

Lorsqu'il s'est lancé dans l'aventure du musée, Yves Bienaimé était instructeur d'équitation à Chantilly. Cela faisait des années, depuis 1959 exactement, qu'il caressait le rêve de reprendre les écuries du Grand Condé. En 1979, il prend contact avec l'Institut de France, qui gère le monument, et obtient la concession du lieu pour vingt ans (puis pour cinquante). L'ouverture aura lieu en 1982, le temps de réaménager les lieux et d'organiser les salles. Depuis, en vingt ans, trois millions de visiteurs sont passés par les trente et une salles d'exposition du musée et ont assisté aux différentes représentations qui y sont données.

Cette année, Yves devrait prendre sa retraite et confier la direction du musée à Sophie. Mais l'incorrigible entrepreneur vient d'acheter une propriété située à quelques mètres du musée, pourvue d'un immense jardin (en fait, le parc de la Faisanderie du château), qu'il a fait aménager en Potager des Princes et avec lequel il compte rivaliser avec les plus beaux jardins de France, comme ceux de Villandry ou de Giverny.

Page ci-contre :
Avec *Le cheval et la danse*,
Yves Bienaimé a connu
les plus grands succès
internationaux. Pendant
l'été, dans la propriété
familiale de Lisieux,
Sophie Bienaimé
donne des spectacles
tous les jours.

Les amazones

La monte en amazone permet
aux femmes de conjuguer
élégance et prestance.
Costumes d'époque, chapeaux
affriolants et voilettes
permettent aux adeptes
de la monte dans les fourches
de laisser s'exacerber
leur féminité.

Page ci-contre :
En tenue traditionnelle,
les amazones allient
élégance et tradition.

En vignette :
Les amazones de Marty.

Pour la première fois fin 2001, les haras nationaux ont présenté un carrousel d'amazones avec le personnel féminin récemment arrivé dans cette administration. Ici, au Salon du cheval de Paris.

Présentation d'amazones en tenue d'époque lors d'une fête à Montfort-l'Amaury.

Si les enfants font incontestablement partie du monde du spectacle équestre, les femmes ne sont pas en reste. Elles disposent même d'un atout maître, outre leur immense supériorité numérique : la monte en amazone. Cette forme d'équitation allie féminité, élégance, tradition et se prête merveilleusement aux besoins du spectacle équestre.

Le costume traditionnel des amazones, celui qu'elles utilisent en compétition, est un peu austère : jupe et veste noires, chemisier blanc, tricorne... Heureusement, la monte en amazone permet le port de robes et de bien d'autres tenues. Certaines cavalières, habiles couturières, se confectionnent sur mesure des tenues d'après des patrons venus des siècles passés. La grande époque de la monte en amazone étant, bien sûr, le XIXe siècle.

À côté des vêtements à thème historique, on rencontre aussi des costumes issus de différents folklores équestres. Il y a, bien sûr, des amazones sévillane, arlésienne, des « cow-boyettes », des indiennes, etc.

Dans le sud de la France, le frou-frou et les couleurs vives sont très en vogue. Dans le nord, on est plus classique et davantage dans l'esprit de la tradition.

Une amazone venue
de Chambord,
en tenue ibérique,
à Cheval Passion.

Au festival du Pin,
cette belle amazone
en rouge et son frison
étaient spécialement
venus des Pays-Bas.

Les enfants et le spectacle équestre

LE MONDE DU SPECTACLE ÉQUESTRE
N'EST PAS RÉSERVÉ AUX ADULTES :
LES « PITCHOUNS » SONT TOUJOURS
PARTANT POUR SE DÉGUISER
ET MONTER UN CARROUSEL.
LES MEILLEURS D'ENTRE EUX
PARTICIPENT D'AILLEURS
AU SPECTACLE DU SALON DU CHEVAL
OU AUX ANIMATIONS DU JUMPING
DE PARIS-BERCY.

PAGE CI-CONTRE : En matière d'humour et de poésie, les petits n'ont souvent rien à envier aux grands. Ce clown a été saisi au poney-club du haras de Jardy.

À Lamotte-Beuvron,
lors des championnats
de France poney,
on assiste
à une véritable éclosion
de déguisements.

Les petits
sont également
souvent de la fête
lors des grandes
manifestations,
comme ici
au jumping
de Paris-Bercy.

À Bercy, lors du jumping, ou au Salon du cheval, il est très fréquent que soient présentés des carrousels de poneys shetland. Cette année, par exemple, le poney club de La Villette avait déguisé une moitié de la reprise en toreros à cheval et l'autre moitié en taureaux. Les poneys portaient une grande couverture noire, ne laissant apparaître que leurs yeux. Ils arboraient également des cornes de part et d'autre du frontal.

Tout le monde se souvient également des reprises de gamins déguisés en cavaliers du Cadre noir et pratiquant la cabrade et la croupade avec leurs shetlands. Il y eut aussi une parodie de la garde républicaine.

Ce sont souvent les parents ou les bénévoles du poney-club qui jouent les costumières et confectionnent pour les « pitchouns » des costumes que leur envieraient bien des professionnels du spectacle équestre.

Maquillés et parés
comme des pros,
les enfants adorent
généralement
se donner en spectacle.

Au cours de ces présentations de shetland, il y a immanquablement un petit qui se fait prendre la main par son poney ou qui tombe, faisant tour à tour rire ou s'apitoyer le public.

Voici quelques années, le poney club de la Grange-Martin, à Gif-sur-Yvette, se distingua par des créations particulièrement originales. Une année on vit un dragon chinois crachant du feu déambuler sur les concours poney. Cette grosse chenille verte était en fait une reprise de poneys shetland recouverts d'un tissus ouvragé. Une autre année, des enfants plus grands tiraient derrière eux des parachutes en toile particulièrement légère et poreuse. Ces deux numéros ont été mis au point par Christian Béron, un touche à tout de génie.

Il y eut même des excès et certains enfants en très bas âge furent transformés en vedette de cirque, présentant à chaque occasion leur numéro poney. Je me souviens d'une petite fille haute comme trois pommes, à genoux et tractée derrière un shetland aux longues rênes, et même brinqueballée sur une mini-poste hongroise.

Pour mettre au point
ce numéro de poneys
tractant des parachutes,
il a fallu dénicher
une toile suffisamment
poreuse pour ne pas
trop freiner les petits
couples, mais tout
de même suffisamment
étanche pour qu'elle
puisse se gonfler à faible
vitesse. C'est Christian
Béron, un bricoleur
de génie du poney-club
de La Grange-Martin
qui a mis au point
les numéros du dragon
et des poneys parachutes.

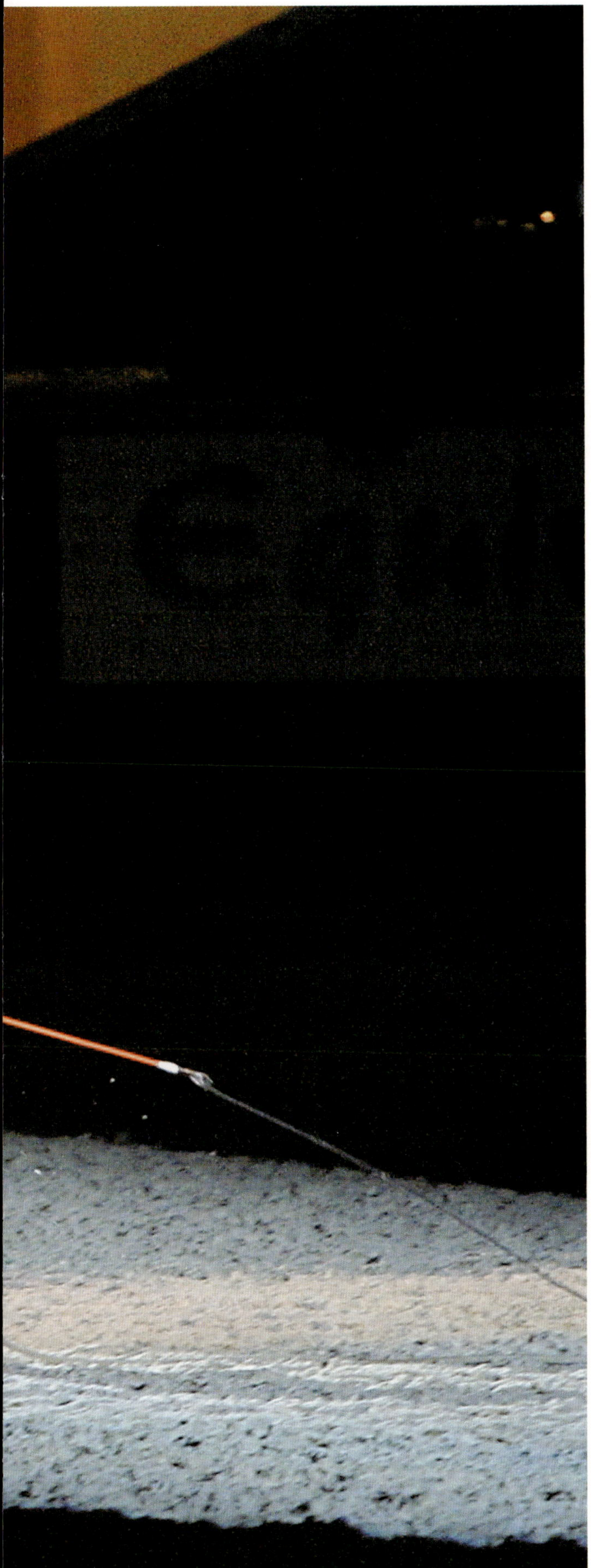

Les grands salons

Les grands salons comme celui de la porte de Versailles à Paris ou celui de Lyon témoignent de la vitalité du monde équestre. Bien que le but premier de ces événements soit de rassembler des stands de commerçants, ils organisent tous des spectacles équestres destinés à séduire et à attirer le public des amoureux du cheval...

Page ci-contre : Stormy le zorse est un hybride entre un étalon zèbre et une jument cheval. C'est pour prouver la validité de la méthode Parelli qu'Andy Booth a dressé un de ces animaux réputés indomptables.

CI-DESSUS :
Grande parade au Salon du cheval de Paris.

CI-CONTRE, À GAUCHE :
Csikos hongrois venus spécialement de la Puszta pour le salon parisien.

PAGE CI-CONTRE :
Démonstration de voltige par Mathias Lang, qui est aujourd'hui champion du monde de voltige en individuel.

Paris

Le Salon du cheval de Paris, qui a lieu tous les ans début décembre, porte de Versailles, ne croit guère au succès du spectacle équestre. C'est pourtant dans le cadre de ce salon vieux de trente ans que les aficionados ont pu admirer les numéros les plus extraordinaires, comme la course de chars de Mario Luraschi, les présentations de chevaux en liberté d'Alexis Gruss senior, la véritable poste hongroise des Czikos venus de Hongrie, etc. Mais c'était dans le cadre du jumping organisé en parallèle du Salon du cheval, en guise d'animation...

Depuis quelques années, le Salon du cheval organise La nuit du cheval, le vendredi qui précède l'ouverture. Ce spectacle, surtout destiné à inviter les exposants, est fait avec très peu de moyens. Il n'y a pas de budget pour payer les artistes, pas de véritable mise en scène ou d'éclairages... Il y a pourtant toujours un beau plateau, car les artistes, venus à Paris pour l'occasion, acceptent souvent d'échanger le coût de leur stand contre une prestation durant la soirée. D'autres, les cirques notamment, profitent de l'événement pour faire la promotion d'un spectacle installé à Paris, pour les fêtes. Les institutions, comme la Garde républicaine, le Cadre noir ou les haras nationaux – tous présents pour ce rendez-vous parisien – donnent également des représentations gratuites. Enfin, les compétiteurs, comme les voltigeurs ou les meneurs, profitent de l'occasion qui leur est donnée de découvrir leur discipline.

Hélas ! le spectacle manque cruellement de rythme et est souvent interminable. Depuis deux ans, on note toutefois une amélioration de la qualité. En 2001, pour la première fois, une seconde soirée de gala a été organisée le samedi...

En Allemagne aussi, l'équitation ibérique triomphe : pas espagnol, longues rênes et *garrocha* font partie du menu du Hot Top Show.

Ci-dessus :
Comme aux Crinières d'or, les numéros du Hot Top Show sont de mieux en mieux mis en scène, avec de véritables chorégraphies, des effets pyrotechniques, etc.

Ci-contre, à droite :
Jean-François Pignon et Gazelle à Equitana.

Équita'Lyon

Né il y a sept ans, Équita'Lyon est le second grand salon français. Il se déroule traditionnellement pendant les vacances de la Toussaint, en novembre. Ce salon organise, lui aussi, un spectacle nocturne. La dernière édition s'intitulait *Les chevaux qui dansent,* une création de Claudia Haering. Deux représentations ont eu lieu le vendredi et le samedi. L'année précédente, c'était le Cadre noir qui avait assuré le spectacle.

Equitana

Equitana, à Essen en Allemagne, est le plus grand salon du cheval au monde. Il a lieu tous les deux ans, en mars. Le dernier a eu lieu en 2001, le prochain se tiendra en 2003. Le soir, un grand spectacle, le Hot Top Show, est organisé avec les meilleurs numéros trouvés sur la planète. Le rythme est soutenu, les décors et les lumières sont à la hauteur de l'événement. Lorenzo, Magali et Estelle Delgado, Yves et Sophie Bienaimé, les deux frères Pignon (séparément), Jean-Marc Imbert, Bruno Boisliveau, et bien d'autres vedettes françaises s'y sont illustrés.

La Fieracavalli

La Fieracavalli a lieu tous les ans à Vérone, début novembre. Un spectacle nocturne est organisé quatre soirs de suite, après les épreuves de saut d'obstacles. L'an passé, ce sont Flavio Togni et Antonio Giarola, deux vedettes du plus grand cirque du monde, l'américain Ringling Barnum & Baley, qui ont monté le spectacle de la 103e édition. À Vérone, Mario Luraschi est un dieu vivant. Les Hasta Luego ont également reçu le prix du meilleur show en 1991.

Bruno Boisliveau, l'homme de la Mancha, un numéro de *garrocha* sur mer de plastique, encore amélioré pour le plus grand salon du monde.

CI-DESSUS : Jean-Marc Imbert fait aussi partie du gotha des artistes français reconnus en Allemagne.

Andy et Stormy. Andy est un instructeur PNH, c'est-à-dire enseignant la méthode Pat Parelli. Il est de nationalité australienne et a passé cinq ans aux États-Unis, chez Pat Parelli. Avant, il était débourreur de chevaux professionnel en Australie. Stormy, elle, vient de Californie.

Crédits photographiques

Toutes les photographies sont de **Frédéric Chéhu**, à l'exception des photos suivantes :
Alfons Alt : pages 68 et 69 – **Alain Laurioux** : page 174 bas – **Antoine Poupel** : pages 60, 61, 66 et 67.